2015 다보스 리포트

불확실성과 변동성의 시대, 성장 해법을 찾다

2015 다보스 리포트

초판 1쇄 2015년 3월 25일

지은이 정욱 · 임성현 **감수** 서양원
펴낸이 전호림 **편집총괄** 고원상 **담당PD** 최진희 **펴낸곳** 매경출판㈜
등 록 2003년 4월 24일(No. 2 - 3759)
주 소 우)100 - 728 서울특별시 중구 퇴계로 190 (필동 1가) 매경미디어센터 9층
홈페이지 www.mkbook.co.kr
전 화 02)2000 - 2610(기획편집) 02)2000 - 2636(마케팅)
팩 스 02)2000 - 2609 **이메일** publish@mk.co.kr
인쇄 · 제본 ㈜M - print 031)8071 - 0961

ISBN 979 - 11 - 5542 - 232 - 8(03320)
값 16,000원

불확실성과 변동성의 시대, 성장 해법을 찾다

2015
다보스 리포트

2015 DAVOS FORUM REPORT

정욱 · 임성현 지음 서양원 감수

매일경제신문사

불확실성이 전 세계를 짓누르고 있다.

경제, 정치, 국제관계 등 그 어느 분야에서건 확실한 것을 찾기 힘들 어졌다. 불과 1년 전 다보스에서는 전 세계 리더들이 '세계의 재편'을 말 했다. 그러나 1년이 지난 2015년 세계는 재편이 아닌 새로운 혼란 속으 로 빠져들고 있다.

우크라이나 사태, 동북아의 갈등, 여기에 IS이슬람국가 부상 등으로 국 가 간 갈등은 전례 없는 수준으로 높아졌다. 합의를 위한 협력의 가능성 은 역으로 그 어느 때보다 낮아졌다. 국가별 지역주의의 팽배와 함께 첨 예하게 대립하는 이념의 갈등은 깊은 골만큼이나 해결책이 쉽사리 발 견되지 않고 있다.

세계 1위의 경제 대국인 미국이 다시 성장의 노래를 부르고 있지만 이는 미국의 얘기일 뿐이다. 폭락한 유가와 추락하는 러시아 경제, '뉴 노멀'이란 이름으로 고성장 전략을 포기한 중국, 미국 연준FRB의 금리 인상과 유럽중앙은행ECB의 파격적인 양적완화, 다들 제각각 급한 상황 에서 좌고우면할 여유를 갖지 못하고 있다.

불안한 경제 상황은 가뜩이나 높아졌던 양극화, 불평등에 대한 불만을 높이고 있다. 정부와 기업, 사회에 대한 불신이 그 어느 때보다 높아져 사회적 합의 등의 길은 요원하다. 날로 발전해 온 기술들의 부작용에 대한 염려가 높아지면서 새로운 갈등의 씨앗이 되고 있다.

다보스포럼 사무국이 '새로운 세계 상황The New Global Context'이란 대주제를 내건 것은 이처럼 과거와는 전혀 다른 세계가 시작되고 있어서다. 옥스퍼드 영어사전에서는 'context'를 "사건, 발표 혹은 개념을 정확하게 이해할 수 있도록 해 주는 것"으로 정의하고 있다. 클라우스 슈바프 다보스포럼 회장은 "새로운 세계 상황의 또 다른 이름은 신뢰의 실종"이라며 "베를린장벽 이후 세계를 지탱해 온 신뢰가 무너졌다"고 진단했다.

조용한 스위스의 스키 휴양지에 모인 2,700여 글로벌 리더들은 새로운 세계에 우리는 과연 어떻게 대응할 것인지를 놓고 나흘간 치열한 고민을 이어 갔다. 딱 부러진 답을 내놓지는 못했다. 매년 되풀이되듯 이들 리더들의 전망이 1년 뒤에는 모두 엉터리였다는 지적을 받을지도 모른다. 그러나 이들의 토론을 따라가는 과정에서 우리는 새로운 세계 상황에서 살아남을 수 있는 방법을 찾을 수 있다. 세계 곳곳의 리더들이 스위스 다보스에 찾아드는 것도 이 때문이다. 그 어느 때보다 높아진 불안감을 보여 주듯 올해 다보스포럼 참석자는 역대 최대를 기록했다.

《2015 다보스 리포트》에서는 2,700여 명의 정치, 경제, 사회, 기업 리더들이 나눈 내용을 기록으로 담았다. 매일경제신문의 다보스포럼 취재팀이 다보스와 서울에서 이들 리더들의 대화를 단 한순간도 놓치지 않기 위해 철저히 준비했고 그 결과물을 이 책에 담아냈다. 세션을 통해 쏟아진 토론 내용에 취재팀이 직접 인터뷰 등으로 만난 리더들의 생각을 녹여 하나의 글로 정리했다.

취재진의 능력으로는 부족한 부분은 현장을 찾은 한국의 전문가들이 채워 주었다. 한덕수 한국무역협회 회장, 이승철 전경련 부회장을 비롯해 한화그룹, SK그룹, 현대차그룹 사장단 등 현장에서 만난 한국의 리더들은 한국 사회가 놓쳐서는 안 될, 한국 사회에 꼭 전달해야 할 내용에 대한 조언을 아끼지 않았다.

서양원 매일경제신문 부국장(산업부장 겸 지식부장), 강두민 MBN 기자는 글쓴이들과 함께 다보스의 추위를 뚫고 현장을 누볐다. 서울에서는 윤원섭 산업부 기자, 이덕주 국제부 기자, 나현준, 박은진 수습기자와 지식부의 최지혜, 여타미 연구원이 다보스의 시간대를 함께 뛰며 중요한 내용을 꼼꼼히 챙겼다. 《2015 다보스 리포트》는 이렇게 많은 사람들의 협업을 통해 이 세상에 나왔다.

이 책은 총 8장으로 구성되어 있다.

1장에서는 다보스포럼에서 전망한 새로운 세계 경제 전망을 담았다.

미국의 부활, 인도의 약진, 중국의 부진과 수렁에 빠진 러시아, 갈피를 잡지 못하는 한국 등 각자가 처한 상황이 모두 달라 합의를 도출하는 것은 사실상 불가능에 가까웠다. 또한 미래를 예측함에 있어서 필수가 될 요소들의 변동성이 높아진 것도 올 한 해 전 세계를 압박할 것으로 전망됐다.

2장에서는 2014년 이후 가장 큰 위험 요소로 부상한 지정학에 대해서 정리했다. 지역적 갈등이 어떠한 결과로 이어질 것인지에 대해 지역별 전망을 접할 수 있다. 명확한 답변은 얻을 수 없었지만 각 지역 최고의 전문가들이 내놓은 전망을 가감 없이 정리해 이들 국가, 지역에 대한 이해의 밑거름이 될 수 있도록 했다.

3장에서는 변화된 상황에 맞는 새로운 리더십의 길을 모색했다. 다보스포럼을 찾은 주요국 정상을 비롯해 리더들이 내세운 화두들을 담았다. 마테오 렌치 이탈리아 총리 등 젊은 리더들은 심장을 뛰게 만드는 연설을 통해 개혁과 변화를 외쳤다. 앙겔라 메르켈 독일 총리 등 연륜이 넘치는 리더들은 새로운 화합의 시대를 위한 조건들을 내걸었다. 특히 많은 관심을 끌었던 렌치 총리의 강연은 주요 내용을 실었다.

4장에서는 기업들의 대응에 대한 전략을 적었다. 기업들이 변화된 시대를 어떻게 헤쳐 나갈지에 대한 전문가들의 혜안이 담겨 있다. 또한 요동치는 에너지 시장에 대한 다각적인 분석도 함께 기록했다.

5장에서는 디지털 시대의 미래에 대한 전망을 담았다. 다보스포럼에서는 매년 기술에 관해 많은 시간을 할애해 왔다. 기술이 새로운 시대를 여는 촉매제라는 관점이었다. 올해도 기본 관점에서는 크게 변화된 것이 없지만 참석자들 간 미묘한 변화가 감지됐다. 기술의 긍정적인 힘만큼이나 기술이 가져올 부정적 변화에 대한 논의가 많아진 것. 기술이 가져온 놀라운 변화와 함께 기술을 통제해야 할 필요성에 대한 논의 등이 본격화될 것임을 짐작할 수 있었다. 또 기술기업들이 2008년 이전의 금융업과 비슷하다는 평가까지 나온 사정을 소개했다.

6장에서는 올해 다보스포럼에서 가장 '핫'한 주제인 중국을 다뤘다. 커지는 중국의 힘과 경제력의 둔화를 보는 다양한 목소리가 넘쳐났다. 이를 의식한 듯 중국에서는 리커창 총리가 대규모 참가단을 이끌고 다보스를 찾았다. 리 총리는 단호한 어조로 중국 경제에 위기는 없다는 점을 분명히 했다. 다보스를 찾은 리 총리와 중국 기업인들이 내놓은 얘기들을 정리했다. 특히 올해 다보스에서 가장 유명세를 탄 마윈 알리바바 회장 강연은 전문을 수록해 마치 현장에서 강의를 듣는 느낌이 들도록 했다. 이와 함께 이제 한국과 격차가 사실상 사라지고 있는 중국 기업의 얘기들도 담았다.

7장에서는 기후변화, 여성, 동성애 등 다양성에 관한 세션들의 논의 내용을 기록했다. 기후변화와 빈곤은 현 인류가 직면한 가장 심각한 위협이다. 기후변화 방지의 전도사인 앨 고어 전 미국 부통령을 비롯해 전 세계에서 가장 많은 기부를 하는 빌 게이츠 마이크로소프트 창업자 부부 등의 얘기를 녹였다. 이와 함께 책 말미에 다보스포럼 현장을 누볐던 한국 참가자들의 말을 에필로그라는 이름을 빌려 기록했다. 또 김영훈 대성그룹 회장이 매일경제신문에 기고한 다보스포럼 참관기와 서양원 부국장이 쓴 〈다보스의 속살〉 칼럼도 함께 실었다. 각기 다른 산업에서 바라보는 다보스 이야기를 담기 위해 노력했다.

다보스포럼 현장의 느낌을 전달하기 위해 각 장마다 '生生 리포트'라는 이름으로 현장에서만 접할 수 있는 얘기들을 녹였다. 또한 매경 취재팀이 만난 전문가와의 인터뷰도 장마다 포함시켰다.

《2015 다보스 리포트》는 달라지고 있는 세계의 상황을 가늠하고 방향을 정하는 사람들에게 나침반 역할을 해 줄 것으로 기대한다. 다양한 분야의 전문가들의 얘기를 전하는 과정에서 미진한 부분이 있다면 이는 저자들의 부족함 때문이다. 여러 부족함에도 이 책이 2015년 현재의 세계를 보는 데 유용한 지침이 될 수 있기를 기대해 본다.

정욱, 임성현

CONTENTS

PART
01

각자도생의 시대

Chapter 1

불확실한 낙관론

올해 다보스는 경제가 살아날 것이란 기대감과 함께 불확실성에 대한 두려움이 겹쳤다.

지난 2014년 다보스포럼에서 세계 경제에 대한 전망은 '조심스러운 낙관cautiously optimistic'으로 요약된다. 2015년의 분위기는 '불확실한 낙관 uncertain optimism'이라고 할 수 있다. 불확실성이 커졌다는 의미다.

무엇보다 지정학 위험 등으로 갈등이 고조되고 이로 인한 경제 영향까지 커지고 있다. 우크라이나 사태로 시작된 갈등이 러시아 루블화 폭락 등으로 이어져 러시아 경제에 암운을 드리우게 한 것이 대표적인 예다. 여기에 환율, 유가, 금리 등 다양한 변수들의 변동성이 커지고 있다. 불평등과 양극화 등은 여전히 사회의 발목을 잡고 있다.

그러나 희망의 신호도 있어 낙관론을 버리지는 않았다. 회복세를 보이고 있는 미국 경제다. 여기에 낮은 수준에서 유지되는 유가 역시도 긍정적 신호다.

불안과 희망의 공존에 대해 CNN은 "세계 경제가 침몰할 것인가 회생할 것인가의 순간moment of sink or swim"이라는 표현을 붙였다.

불확실한 낙관의 모습은 곳곳에서 발견할 수 있었다.

경제 석학들의 전망은 긍정적이지만 포럼 기간 중 발표된 국제통화기금IMF의 세계 경제 전망은 기존보다 하향 조정됐다. 경제에 대해서는 조심스럽게 말하는 기업가들도 자사의 실적 등에 대해서는 긍정적으로 말하는 식이다.

다보스에 온 경제학자들 사이에서는 중국 성장률 하락에도 불구하고 유가 하락 등으로 인해 세계 경제는 긍정적이라는 의견이 많았다.

2001년 노벨상 수상자인 마이클 스펜스 뉴욕대학교 스턴 경영대 교수는 값싼 에너지 비용은 수요 문제에 직면한 글로벌 경제에 도움이 될 것이라고 강조하며 밝은 미래를 예측했다. 그는 "중국과 미국이 여전히 성장하고 있기 때문에 유가 하락이 세계 경제에 부정적이라는 시각에 동의하지 않는다"고 말했다.

2010년 노벨 경제학상을 받은 크리스토퍼 피사리데스 런던정치경제대 교수는 중국 경제의 저성장은 염려할 단계는 아니라고 전했다. 다보스포럼 기간 중인 1월 20일 중국 국가통계국은 2014년 4분기 중국 경제 성장률이 7.3%를 기록했다고 밝혔다. 이는 24년 만에 최저치다.

피사리데스 교수는 이에 대해 "성장 둔화는 일어날 수밖에 없는 것이고 중국은 대비가 되어 있다"면서 중국에 대한 우려를 일축했다.

경제학자들의 설명과 달리 포럼 기간 중 발표된 IMF의 경제 전망도 그다지 긍정적이지 않았다. IMF는 올해 세계 경제 성장률을 기존(2014년 10월)보다 0.3%포인트 낮은 3.5%로 수정한다고 1월 20일 밝혔다. 내년 성장률도 3.7%로 예상해, 종전 전망보다 0.3%포인트 낮춰 잡았다. 저유가가 경제에 활력을 불어넣어 줄 수 있지만 전반적으로 부진한 경기가 발목을 잡을 것이란 예측이었다.

그러나 이를 반대로 평가하는 경제학자도 있었다. 이언 골딘 옥스퍼드대 교수는 "역사적으로 봤을 때 세계 경제 성장률 3%대는 긍정적이다. IMF가 올해와 내년 세계 경제 성장률을 작년보다 낮게 측정하긴 했지만 이는 여전히 각각 3.5%와 3.7%다"라며 긍정적으로 해석했다.

경영자들은 경제 상황은 불확실하다면서도 기업의 실적에 대해서는

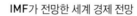
IMF가 전망한 세계 경제 전망 (단위: %)

* 2015년 1월 기준   자료: IMF

긍정적인 전망을 내놓았다. 이율배반이다. 그러나 현실이 그렇다. 경영자들은 경제학자나 국제기구에서 염려하는 것을 똑같이 고민했다. 러시아는 염려스럽고 유럽은 불안한 구석이 있으며 중국은 실망스럽다는 것. 하지만 금융 위기 이후 이루어진 구조조정 등으로 비용 부문에서 절감이 많이 됐고 향후 실적도 당장 크게 악화될 것 같지는 않다는 것.

로레알의 최고경영자CEO인 장 폴 아공은 "올해를 매우 낙관적으로 보고 있다"고 말했다. 로레알의 주가가 2015년 1월 들어 지속적으로 사

IMF 국가별 성장률 전망 (단위: %)

지역 \ 연도	2014년	2015년	2016년
세계	3.3	3.5 (-0.3)	3.7 (-0.3)
선진국	1.8	2.4 (0.1)	2.4 (0.0)
미국	2.4	3.6 (0.5)	3.3 (0.3)
유로존	0.8	1.2 (-0.2)	1.4 (-0.3)
일본	0.1	0.6 (-0.2)	0.8 (-0.1)
영국	2.6	2.7 (0.0)	2.4 (-0.1)
신흥·개도국	4.4	4.3 (-0.6)	4.7 (-0.5)
러시아	0.6	-3.0 (-3.5)	-1.0 (-2.5)
중국	7.4	6.8 (-0.3)	6.3 (-0.5)
인도	5.8	6.3 (-0.1)	6.5 (0.0)
브라질	0.1	0.3 (-1.1)	1.5 (-0.7)
남아공	1.4	2.1 (-0.2)	2.5 (-0.3)
소비자물가			
선진국	1.4	1.0 (-0.8)	1.5 (-0.4)
신흥국	5.4	5.7 (0.1)	5.4 (0.2)

* ( ) 안은 2014년 10월 전망 대비 %포인트   자료: IMF

상 최고치를 경신하고 있으니 아공 CEO의 말이 허투루 들리지는 않는다. AT&T의 랜달 스티븐슨 CEO 역시 "기업 실적은 꽤나 좋은 편"이라는 말로 답변했다. 해외 미디어 기자들도 대부분 비슷한 평가를 내놨다. 〈월스트리트저널〉의 데니스 버먼은 올해 다보스포럼에 대한 총평을 정리한 칼럼에서 "기업인들이 평이한 어조로 말을 하기 시작했다. 예년처럼 '조심스러운 낙관' 등의 지지부진한 단어는 쓰지 않았다"고 평했다.

미국 연방준비위원회의 금리 인상과 유럽중앙은행ECB의 양적완화에 대해서도 낙관적인 전망이 많았다.

2013년 노벨상을 받은 로버트 쉴러 예일대 교수는 두 중앙은행이 반대로 움직이지만 금융시장에 큰 차이는 없을 것으로 예상했다. 그는 "유동성 축소에 대한 전망에도 불구하고 미국의 장기금리는 계속 하락했다"고 설명했다.

브느와 꾀레 ECB 집행위원은 "ECB에서 할 수 있는 조치들은 다 취했다"며 "이제 필요한 것은 생산성을 높이고 고용을 확대하며 투자를 장려하는 것"이라고 설명했다. 주민 IMF 부총재 역시 "양적완화를 통해 투자와 구조 개혁을 위한 숨통이 트였다"고 덧붙였다.

꾀레 위원은 "ECB는 EU의 정치 기반이 무너지는 것을 지켜볼 수만은 없었다"며 양적완화 시행의 배경을 설명했다. 세션은 ECB의 양적완화 발표 이틀 뒤인 1월 24일 진행됐다.

ECB의 양적완화 발표는 시장의 예상을 큰 폭으로 뛰어넘는 수준이었다.

2015년 3월부터 최소한 2016년 9월까지 국채 매입을 통해 매달 600억 유로(약 75조 5,340억 원)의 유동성을 시중에 공급하기로 했다. 총 1조 1,400억 유로(약 1,435조 원)에 달한다. 마리오 드라기 ECB 총재는 "내년 9월은 양적완화를 시행하는 최소한의 기간이며 물가 상승률 목표(2%)에 도달할 때까지 채권을 사들일 예정"이라고 밝혔다. 사실상 무기한으로 양적완화에 나서겠다는 뜻이다. 유럽의 기준금리는 현재 0.05%로 사상 최저 수준이지만 물가 상승률은 1년 이상 1% 이하에 머물고 있다. 금리를 낮추는 전통적인 통화 정책의 수단이 소진한 상태에서 한국의 한 해 예산(376조 원) 4배에 이르는 돈을 직접 시중에 풀어 디플레이션 탈출을 시도하는 것이다.

ECB는 유로존이 위기에 빠질 때마다 해결사로 나섰다. 2011년 이후 그리스를 비롯해 유로존 내부의 문제를 담당해 왔다. 고비만 넘기면 해결책이 생길 것이란 기대였다. 그러나 성장은 지지부진했고 실업률 역시 매우 높았다.

이런 상황에서 이제 디플레이션에 빠질 위험까지 커지면서 미국과 영국에서 효과를 봤던 양적완화까지 고민하게 된 것이다. 유로존은 지난해 12월 소비자물가지수가 0.2% 하락하면서 5년 만에 디플레이션이 나

포럼 마지막 날 열린 '세계 경제 전망' 세션에 참석한 패널들이 토론을 벌이고 있다. 사진 왼쪽부터 래리 핑크 블랙록 CEO, 조아킹 레비 브라질 재무장관, 구로다 하루히코 일본은행 총재, 브느와 꾀레 ECB 집행위원, 마크 카니 영란은행 총재, 주민 IMF 부총재.　　　　사진: 블룸버그

타났다.

　크리스틴 라가르드 IMF 총재는 "유로 경제권이 출범한 지 얼마 되지 않았고 발 빠르게 움직이고 있다"며 큰 문제없이 진행될 것이라고 전망했다.

　라가르드 총재는 프랑스 재무장관 출신이다. 라가르드 총재는 "지난 5년간 대대적인 조치들이 취해지면 큰 진전이 이뤄졌다"며 "이제는 재정 정책과 금융 분야에서 새로운 대응책들이 나와야 할 때"라고 덧붙였다.

조아킹 레비 브라질 재무장관은 저유가로 인해 브라질 경제가 살아날수 있다고 강조했다. 그는 브라질 경제 정책의 주목표가 정부와 기업의투자 활성화로 옮겨 가고 있다고 설명했다. 지난 10여 년간 브라질 정부는 저소득층의 수입을 늘리는 데 화력을 집중해 왔다. 그는 "브라질에서기업하기 더 좋은 환경을 만드는 데 브라질 정부는 최선을 다하고 있다"고 강조했다.

세션에 참여한 구로다 하루히코 일본은행 총재 역시 일본이 과감한개혁과 돈 풀기로 2% 성장을 위한 기반을 마련했다고 덧붙였다. 그는이어 "중국 역시 구조 개혁이 순항하고 있어 7.5% 성장을 이어 갈 것"이라는 낙관론을 펼쳤다. 그러나 EU, 브라질, 일본 모두 자국 관계자들의설명이었다. 게다가 설명에 나선 인물들이 내세우는 향후 추진 과제 등은 그들 손으로 해결할 수 없는 일들도 많다.

이를 반영하듯 어두운 예측도 있었다.

대표적인 것이 유럽 경제에 대한 전망이었다. 포럼 직전에 이뤄진 스위스 프랑 최저환율제 포기, 포럼 기간 중 이뤄진 ECB의 양적완화 발표등으로 갑론을박이 이어진 것.

2006년 노벨 경제학상 수상자인 에드먼드 펠프스 컬럼비아대 교수는 "유럽은 붕괴되고 있고 아시아는 혁신적인 경제를 만들기 위한 시간이 필요하다"면서 "향후 몇 년간 세계 경제가 주목할 만한 성장을 하기 어렵다"고 내다봤다. 리카르도 하우스만 하버드대 케네디 스쿨 교수는 "과도하게 레버리지를 일으킨 원유 수출국들과 어디로 튈지 모르는 기업들로 인해 금융 붕괴를 맞을 수도 있다"고 걱정했다.

ECB의 양적완화에도 유로존 경제가 체력을 회복하기는 쉽지 않을 것이란 전망도 줄을 이었다. 지난해 다보스에서 대부분의 참석자들은 유로존이 그래도 성장을 하는 등 큰 무리 없이 유지될 수 있을 것이라 생각했다. 마리오 드라기 ECB 총재는 "유럽은 이제 완연한 회복세에 접어들었다"고 2014년 다보스에서 선언했다. 그러나 1년이 지난 지금 상황은 전혀 달라졌다. 다보스포럼에 개근했던 드라기 총재는 포럼 참석도 미루고 양적완화를 발표할 지경이 됐다. EU는 디플레이션을 걱정해야 하는 처지가 됐고 뾰족한 답안도 없는 상태이기 때문이다.

EU의 음울한 미래에 대해 포문을 연 것은 래리 서머스 하버드대 교수다. 서머스 교수는 EU를 쪼개는 것은 멍청한 생각이지만 유로는 생각만큼 오래가지 못할 가능성도 있다고 말했다. 그는 유로화의 도입 때부터 어긋나 있었다고 꼬집었다. 즉 유로화를 사용하는 국가들 간 정책 공조가 완벽하게 이뤄질 수 있는 구조를 만들지 못한 것이 패착이란 지적이다. 서머스 교수는 정치인들의 손에 경제 정책에 대한 주요 결정권이 쥐어져 있었고 그 대가를 지금 치르는 것이라고 평했다. 서머스 교수는 EU가 지금 디플레이션의 함정으로 빠지기 직전인 상황이라며 "새로운

"유럽이 또 다른 일본이 될 가능성이 높아
지고 있다."

래리 서머스 하버드대 교수

일본이 될 가능성이 있다"고도 경고했다. 이어 그는 "모두가 ECB의 양
적완화를 환영하지만 이것으로는 충분치 않다"고 말했다. 양적완화가
미국에서는 효과적인 수단이었을 수 있으나 영국에서는 효과가 의심스
럽다는 것. 이미 유럽 금리가 매우 낮은 수준이라서 금융 기관들이 양적
완화로 인해 늘어난 돈을 시중으로 전달할 수 있을지는 미지수라는 설
명이다.

　서머스 교수뿐만이 아니다. 독일연방은행 총재를 지내기도 했던 악셀
베버 UBS 회장 역시 유로의 운명이 험난할 것이라고 경고하고 나섰다.
그는 ECB의 양적완화가 해결책의 일부일 뿐이라고 설명했다.

　근본적인 해결책으로 베버 회장은 유로존 국가들의 개혁이 필요하다
고 강조했다. 그러나 현실적으로 가능성이 낮아 보인다는 게 베버 회장
의 주장이다. 베버 회장은 정책 집행자들이 행동에 나서야 하는데 ECB
의 양적완화는 이들에게 시간만 벌어 주는 꼴이라고 꼬집었다. 베버 회

장은 이날 패널리스트로 참여한 세션에서 이미 수년 전부터 기회가 있었지만 이를 놓친 셈이라고 덧붙였다.

애덤 포센 미국 피터슨국제경제연구소 소장은 "양적완화는 사실상 유로에 남은 유일한 옵션"이라고 평했다. 그는 다만 "독일이 현재 유럽에 필요한 만큼의 양적완화에 동의하지 않을까 염려스럽다"고 말했다.

양적완화 후폭풍 외에도 유로화와 ECB가 넘어서야 할 새로운 변수도 있다. 데이비드 루벤스타인 칼라일그룹 회장은 러시아 루블화 가치 급락의 피해가 가장 심각한 곳이 이 지역에 대출이 많은 유럽이라며 새로운 위험 요소가 유로 앞에 기다리고 있다고 평했다. 그는 현실화된다면 유로의 가치 급락이 새로운 금융시장 혼란을 불러올 것이라고 덧붙였다.

석학들은 불평등 문제에도 우려를 표했다.

아나트 아드마티 스탠퍼드대 교수는 "선진국에서 기회의 불평등이 나타난다는 증거가 명백하다"면서 "불평등은 정치적인 갈등을 통해 정부를 무력화시킬 수 있기 때문에 중요한 문제"라고 강조했다.

주민 IMF 부총재는 "정부와 개인 소비에서 성장이 나타나고 있지만 민간 부분의 투자는 여전히 부진하다"고 경고했다.

각국의 양적완화가 부유층에게만 유리할 것이란 경고도 나왔다. 조지 소로스 소로스펀드매니지먼트 회장은 "양적완화로 자금이 넘쳐 나면

"올해 신흥 시장 GDP가 전 세계 GDP의
절반을 넘는 첫해가 될 것이다."

주민 IMF 부총재

자산 가격이 오르게 될 것"이라고 전망했다. 그러나 소로스 회장은 "임
금 인상의 가능성은 높지 않다"며 양극화가 심화될 것을 염려했다.

Chapter 2

중국보다
미국이 성장의 땅

경제 상황에 가장 민감하게 반응하는 사람은 석학들이 아니라 기업 경영자들이다.

올해 전 세계 CEO들이 선택한 '기회의 땅'은 미국이었다.

컨설팅업체 프라이스워터하우스쿠퍼스PricewaterhouseCoopers, PwC가 매년 1,300여 명 전후의 CEO들에게서 얻은 결과를 정리한 보고서에서 나온 결과다.

조사에 따르면 77개국 1,322명의 CEO를 상대로 향후 1년간 가장 유망한 시장을 묻는 질문에 미국을 꼽은 응답자가 38%로 가장 많은 것으로 나타났다.

그동안 한 번도 1위를 놓치지 않았던 중국(34%)은 2위로 밀렸고 독일(19%), 영국(11%), 브라질(10%), 인도(9%), 일본(8%) 등이 뒤를 이었다. 미국이 중국을 제친 것은 PwC가 2010년부터 CEO 설문 조사를 진행한 이후 처음 있는 일이다.

지난해 30%에 그쳤던 미국은 최근 '나홀로 호황'을 보이는 경제 상황

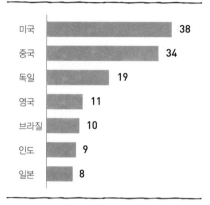

PwC 유망 국가 순위	(단위: %)
미국	38
중국	34
독일	19
영국	11
브라질	10
인도	9
일본	8

* 최대 3곳 복수 응답　　　　자료: PwC

성장을 가로막는 가장 큰 위협

❶ 과잉 규제
❷ 핵심 기술 부족
❸ 재정 위기
❹ 지정학 불확실성
❺ 세 부담 증가
❻ 사이버 테러
❼ 소비자
❽ 사회적 불안정
❾ 기술 변화의 속도
❿ 신시장 진입

자료: PwC

을 반영하듯 전 세계 CEO들로부터 투자하고 싶은 나라 1위로 선택됐다.

특히 유로존 위기, 지정학 갈등 등으로 전 세계가 몸살을 앓으며 올해 글로벌 성장에 대해 비관적인 전망이 크게 늘어난 상황이어서 미국의 성장은 유독 두드러진다.

이번 조사에서 글로벌 경제가 성장할 것으로 전망한 비율은 전년 44%에서 올해 37%로 떨어졌다. 반면 침체를 점친 이들은 올해 17%로 전년(7%)보다 2배 이상 많아졌다. 중국은 전년(33%)과 비슷한 수준을 보였고 독일은 전년(17%)보다 소폭 상승했다.

브릭스BRICs 안에서도 차별화가 진행되고 있다.

인도와 중국은 여전히 매력적인 시장이지만 러시아와 브라질은 뒷걸

음질 치고 있다.

PwC의 데니스 낼리 회장은 매일경제신문과의 인터뷰에서 "그래도 중국과 아시아는 여전히 잠재력이 큰 시장"이라고 덧붙였다.

낼리 회장은 "아시아는 소비력을 갖춘 중산층이 많은 데다 성장 잠재력을 갖추고 있어 단기적 전망은 물론 장기적인 성장 가능성에도 가장 유망한 시장 중 하나다"라고 설명했다.

낼리 회장은 아시아 부상의 근거로 PwC가 설문 조사 결과를 제시했다. 이 결과에 따르면, 자신이 운영하는 회사의 매출액 성장에 대한 전망에서 아시아·태평양 지역 CEO들 중 절반에 가까운 45%가 '낙관론'을 펼쳤다. 반면 유로존 위기로 침체 일로에 있는 서유럽 CEO와 동유럽 CEO는 각각 31%, 33%에 그쳤다.

나라별로도 인도의 CEO들은 단기 성장에 대해 '매우 확신한다'는 응답률이 62%에 달해 가장 높은 수치를 보였다. 반면 러시아는 응답자 중 단 16%만이 매출액 성장을 확신한다고 답해 가장 낮은 수준을 나타냈다. 불과 1년 전 53%에 달하는 CEO들이 성장을 확신했던 것과는 극명한 차이를 보였다.

낼리 회장은 한국 경제에 대해선 낙관론과 비관론을 동시에 제시했다.

그는 "수출주도형 성장을 통해 성공적인 경제 발전을 이룬 한국의 실력을 의심할 필요는 없다"고 말했다. 하지만 그는 "최근 5~10년간 그리 좋지 않았던 경제를 되살리기 위해 한국 정부가 추진하려는 정책이 제

성과를 낼지는 두고 봐야 한다"고 말했다. 최근 한국은행은 올해 성장률 전망치를 종전 3.9%에서 3.4%로 낮춰 잡았다.

낼리 회장은 중국에 대해선 여전히 장기적으로 가장 중요한 시장으로 지목했다. 그는 "2030년 이전에 중국의 GDP가 미국과 유럽을 합한 GDP를 넘어설 것"이라고 전망했다. 반면 러시아는 저유가와 서방의 제재 여파로, 브라질은 고물가와 저성장 고착화로 재기가 쉽지 않을 것으로 내다봤다.

PwC 조사에서는 향후 글로벌 경쟁과 관련해 무한 경쟁 시대에 접어들었고, 업종 간 융합이 더욱 심화될 것으로 예상됐다. 낼리 회장은 설문 조사 결과를 인용하면서 "탈산업 경쟁이 일상화될 것이라는 전망이 56%에 달했다"고 강조했다.

산업별 경계가 허물어지면서 업종 간 경쟁이 더욱 치열해진다는 설명이다. 설문에 응답한 절반 이상(56%)의 CEO들은 향후 3년 이내 경쟁자가 나타날 분야로 기술(32%), 소매 유통(19%), 통신 및 엔터테인먼트 미디어(6%) 등을 꼽았다.

낼리 회장은 "새로운 경쟁 구도에서 성공하려면 지금까지와는 완전히 다르게 생각하고 행동하는 방법을 찾아내야 한다"며 "기업의 핵심 사업 분야에 새로운 기술을 접목해야 한다"고 충고했다.

PwC 설문 조사에서 올해 전 세계 CEO들을 위협하는 가장 큰 리스크로는 글로벌 CEO 10명 중 8명(78%)이 '과잉 규제'를 꼽았다. 핵심 기술

"새로운 경쟁 구도에서 성공하려면 지금까지와는 완전히 다르게 생각하고 행동하는 방법을 찾아내야 한다. 기업의 핵심 사업 분야에 새로운 기술을 접목해야 한다."
데니스 낼리 PwC 회장

부족, 정부의 재정 위기, 지정학적 갈등, 세 부담 증가, 사이버 테러, 소비자 성향 변화, 사회적 불안정, 빠른 기술 변화 등이 뒤를 이었다. CEO들의 투자 결정에 영향을 미치는 요소로 '지정학적 갈등'이 포함된 것은 이번이 처음이다.

낼리 회장은 글로벌 CEO들의 과제로 불확실한 거시 변수뿐만 아니라 당장 눈앞에 놓인 경영상 '난제'가 산적해 있다고 말했다. 이번 설문 조사에서도 기업의 성장 전략으로 가장 많은 선택을 받은 것은 '비용 절감(71%)'이었다.

뒤이어 전략적 제휴(51%), 아웃소싱(31%), 인수합병(23%)순으로 나타났다. 그만큼 한 치 앞도 내다볼 수 없는 불확실한 경영 환경에서 마지막 선택지는 제 살을 깎거나, 남과 손을 잡는 길밖에 없다는 얘기다.

한편 낼리 회장은 정부 정책 중 조세 시스템 개선을 시급한 과제로 꼽아 눈길을 끌었다. 설문 결과를 봐도 CEO들이 정부의 최우선 정책으로 주문한 것은 효율적인 조세 시스템(67%)이었다. 각국 정부의 조세 시스템에 만족한다고 응답한 비율은 20%에 불과했다. 이 밖에 인프라 개발, 저렴한 자본 조달, 디지털 인프라 개발 등을 주문했다. 디지털 시대 가장 영향력을 가진 기술로는 모바일 기술(81%)이 꼽혔다. 데이터 마이닝과 분석(80%), 사이버 보안(78%), 소셜 미디어를 활용한 비즈니스(61%), 클라우드 컴퓨팅(60%) 등이 뒤를 이었다.

Chapter 3

변동성의 시대

저유가 후폭풍으로 전 세계가 양분되고 있다. 또 스위스중앙은행의 최저환율제 폐지로 촉발된 신新통화전쟁은 유럽은 물론 전 세계를 휩쓸고 있다. 미국의 금리 인상으로 신흥국은 금융 위기 이상의 후폭풍을 맞을 것이란 우려도 커지고 있다. 유가, 환율, 금리 어느 것 하나 방향을 종잡을 수 없는 '트리플 변동성'의 시대다. 올해 다보스포럼의 대주제인 '새로운 경제 상황'의 다른 이름도 결국 변동성과 불확실성이다.

'뉴노멀로서 변동성' 세션에선 올 한 해 전 세계를 짓누를 리스크로 '변동성'을 꼽았다. 길레르모 오티즈 멕시코 자문위원회 의장은 "중앙은행은 리스크를 줄여 주는 게 본연의 기능인데 최근 스위스중앙은행은 전격적으로 최저환율제를 폐지했다"며 "변동성을 키운 대표적인 사례"라고 지적했다. 실제로 스위스 프랑의 환율은 최저환율제 폐지 직후 하루 사이에 유로화 대비 30%가량이 출렁거리기도 했다.

특히 오티즈 의장은 "미국 연방준비제도Fed, 유럽중앙은행ECB, 일본

2015년 세계 경제의 호재와 악재

〈호재〉

저유가

〈악재〉

투자 부족

높아진 변동성

유럽과 일본 경기 부진

지정학 위험

자료: IMF

은행BOJ 등 각국의 중앙은행들이 조화를 이루지 못하고 제 갈 길만 가면서 변동성이 극대화되고 있다"고 비판했다.

케네스 로고프 하버드대 교수도 "각국 중앙은행의 정책들이 오히려 변동성을 키우고 있다"고 말했다. 전 세계의 금리가 유례없이 낮은 수준이다. 여기에 물가 상승을 유발하는 것이 매우 어려워지고 있다. 이런 상황에서 각국 중앙은행의 정책이 어떤 결과를 가져올지 예측하는 것이 점차 어려워지는 상황이다. 여기에 "각국의 이해관계가 또 다른 지정학적 갈등으로 나타나고 있다"는 지적이다. 로고프 교수는 특히 유럽과 일본 등의 양적완화를 더 걱정했다. 그는 "미국의 금리 인상보다 유럽과

"저변동성의 시대는 끝났다. 높아진 변동성에 맞춰 모든 경제주체가 새로운 전략을 짜야 할 때다."

안토니 스카라무치 스카이브리지캐피털 설립자

일본의 양적완화가 변동성을 더 키울 것"이라고 설명했다.

로고프 교수는 중국의 '뉴노멀 경제 정책'이 변동성의 원천이 될 수 있다고 평가했다. 수출주도, 제조업 중심의 정책에서 내수 및 서비스 중심으로의 전환이 원자재 가격은 물론 독일의 수출 등에 영향을 불러올 수 있다는 평가다.

유가도 마찬가지다. 유가 역시 2014년 한 해 동안 56%나 하락했다.

안토니 스카라무치 스카이브리지캐피털 설립자는 "군사 정책이나 통화 정책이 있듯이 유가 정책도 있는 것 같다"며 "이로 인한 유가 폭락으로 글로벌 경제에 변동성이 커지고 있다"고 우려했다. 그는 "저변동성의 시대는 끝났다"고 선언하며 "주식 투자자를 비롯해 정책 당국자까지 모두가 새로운 전략을 짜야 할 때"라고 덧붙였다.

저유가로 인해 가장 극심한 고통을 겪는 나라는 러시아다. 전체 수출의 70%를 차지하는 원유 가격의 하락은 이미 러시아 경제를 휘청거리게 하고 있다. 러시아 루블화의 가치는 2015년 들어 1월에만 14%가 하락했다. 여기에 2014년 12월 11%가 오른 데 이어 2015년에는 월별 물가 상승 폭이 더 커질 것이란 염려도 있다. 블라디미르 푸틴 대통령까지 나서 위기설 진화에 동참하고 있지만 위기설은 끊이지 않고 있다. 러시아 아카디 드보르코비치 부총리는 "유가가 변동성을 불러오는 것이 아니라 정책이 변동성을 키우는 것"이라고 설명했다. 그는 "모두가 현 유가 수준이 적정 수준이 아니라는 것은 알고 있다"며 "그러나 즉각적인 적정 수준 회복을 모두가 바라는 것은 아니다"라고 말했다. 사실상 현재의 유가가 러시아에 대한 보복이라는 시각을 은연중에 드러낸 것이다. 드보르코비치 부총리는 러시아 경제 전망을 묻는 질문에 대해서는 "유가가 안정되어야 루블화 가치가 정상화될 수 있을 것"이라고 설명했다.

Chapter 4

통화전쟁이 시작됐다

게리 콘 골드만삭스 사장 겸 최고운영책임자COO는 2015년은 새로운 환율전쟁이 나타날 것으로 예상했다. 그는 "각국이 경기 회복을 위해 취할 수 있는 가장 간단한 방법이 양적완화"라며 앞으로 환율전쟁이 불붙을 가능성을 염려했다.

콘 COO는 ECB의 양적완화가 대표적인 사례라고 지적했다.

그는 ECB의 양적완화가 스위스중앙은행SNB의 최저환율 방어 포기로 촉발된 통화전쟁에 불을 붙일 것으로 내다봤다.

모든 국가들의 경제 상황이 다르다 보니 각국이 자국 상황에 맞춘 전략을 펼치느라 정책 공조를 기대하기는 힘든 한 해란 얘기다. 말 그대로 '각자도생各自圖生'의 한 해가 될 것이란 전망이다.

세계 최대의 헤지펀드 회사인 브리지워터의 레이 달리오 회장도 이 같은 의견에 동조했다. 달리오 회장 역시 "현 상황에서는 약한 유로가 유럽 경제의 해결책이 될 수 있다"는 의견을 제시했다. 브리지워터가 운

용하는 자산의 규모는 2014년 기준 840억 달러에 달한다.

그는 "전무후무한 규모의 양적완화, 강력한 구조 개혁과 함께 통화 가
치 조정 등이 현재 필요한 것이다"라고 전했다. 그 역시 각국의 상황이
달라지는 '분화divergence'가 이뤄진 상황에서 각국이 어떤 결정을 내릴지
는 개별 국가의 손에 달려 있다고 평했다.

달리오 회장은 "재정 통화 정책에 변화를 줄 수 있는 여지가 적은 상
황에서 가장 손쉬운 선택지가 환율 조정"일 것이라고 덧붙였다.

실제로 다보스포럼 직전 SNB는 기습적으로 환율을 내렸다.

무자비할 정도의 자금을 풀어낼 것이 뻔한 ECB의 결정 후엔 유로화
가치가 떨어질 것이 자명하고 스위스 프랑의 환율 방어를 위한 여력이
부족했기 때문이다. 실제로 SNB의 결정 일주일 뒤 ECB는 시장의 예상
을 큰 폭으로 뛰어넘는 양적완화를 발표했다.

이런 식으로 개별 국가들의 경제 상황이 제각각으로 움직이는 상황이

계속되면 어느 국가든 유혹을 느낄 것이다.

주민 IMF 부총재는 "환율전쟁이란 표현은 과하다"면서도 "국가별 경기 상황이 제각각인 상황에서는 서로 각자 입장에 맞는 환율 정책을 펼 수밖에 없다"고 전망했다.

페니 프리츠커 미국 상무장관은 달러 강세가 미국의 무역과 성장에 부담을 줄 수 있는 요소라면서 따라서 그 추이를 주시해야 한다고 밝혔다. 미국 역시 타국의 인위적인 환율 조정에 따른 피해를 앉아서 당하지는 않겠다는 것이다. 포럼이 끝난 후인 1월 28일 미국 연방준비제도이사회FRB, 연준의 발표문에 '국제 상황international development'이란 단어가 포함되기도 했다. 연준이 발표문에서 미국이 아닌 다른 나라의 경제 상황을 언급한 것은 2년 만에 처음이다. 글로벌 위험에 대해 마지막으로 언급한 것은 2012년 12월과 2013년 1월 회의에서다. 영국 〈파이낸셜타임스〉는 이 구절이 삽입된 것을 ECB의 양적완화의 영향을 주시하겠다는 것으로 해석했다. 즉 ECB의 양적완화로 인한 미국 수출 기업 등이 맞게 될 영향을 따져 보겠다는 의미란 얘기다. 현재 FRB에서 자문관으로 일하고 있는 김진일 고려대 교수는 "통화 정책은 통화전쟁 혹은 환율전쟁이라는 이름으로 불린다"고 평했다.

당장의 과제는 미국의 금리 인상이다. 금리 인상은 달러화 강세로 연결될 수 있고 이는 국제금융시장에서 자금 이동을 촉발할 수 있다. 다만 이러한 자금 흐름의 변화가 어떤 형태로 나타날지, 또 개별 국가의 환율 및 자금 시장에 어떠한 영향을 끼칠지에 대한 철저한 준비가 필요해지는 대목이다. 마크 카니 영란은행 총재도 "유럽, 미국, 일본 등에서 볼 수 있듯 제각각의 정책이 나타나는 상황에서는 자금 흐름이 급변할 가능성이 있다"고 경고했다.

Chapter 5

'브릭스'의 균열

2014년 다보스 경제 전망을 요약하자면 '모든 먹구름 뒤에는 실버라이닝이 있다'는 것이었다. 실버라이닝silver lining이란 구름 뒤에서 나오는 한줄기 빛을 뜻한다. 금융 위기가 지나며 힘들었지만 이제는 좋은 시절이 올 것이라는 것.

다만 여전히 남아 있는 먹구름도 있다. 2014년 다보스에서는 그 먹구름을 신흥 시장, 그중에서도 브릭스BRICs로 봤다. 실제로 2014년 브릭스의 경제 성적표는 그리 좋지 않았다. 중국은 책 뒷부분에서 다시 다루기로 하고 이번 장에서는 브라질, 러시아, 인도에 대해 2015년 다보스의 평가를 정리했다.

브라질은 2014년 월드컵을 치렀다. 그러나 준결승에서 만난 독일을 상대로 얻은 7 대 1이라는 참담한 경기 결과에 월드컵 효과는 고스란히 사라져 버렸다. 경제 역시 고전을 면치 못했다. 2014년 지우마 호세프 대통령이 다보스까지 날아와 투자와 경제 개혁 프로그램을 약속했지만

1년 뒤 약속은 허황된 말로 끝나고 말았다.

　일례로 2015년 집권 2기를 시작한 지우마 호세프 브라질 대통령의 국정 운영에 대한 평가는 2월에는 긍정 평가가 20%대까지 추락했다. 브라질 여론 조사 업체 다탸폴라의 조사에서 긍정 평가는 23%, 부정 평가는 44%였다. 두 달 전인 2014년 12월만 하더라도 긍정과 부정이 각각 42%와 24%였던 것과는 정반대다. 국영 에너지 기업인 페트로브라스의 비리 소식, 부정적인 경제 전망과 건전성 확보를 위해 내건 긴축 등이 주된 요인이다. 여기에 장기간 가뭄까지 겹치며 민심을 각박하게 하고 있다. 당장 2015년 1월 물가 상승률은 14년 만에 최악인 7.14%까지 치솟았다. 이는 정부가 목표로 삼고 있는 4.5%보다 한참 높은 것이다. 80년 만에 가장 심각하다는 가뭄의 영향까지 겹치면서 2015년 브라질이 마이너스 성장을 보일 것이란 전망도 이제는 비현실적인 얘기가 아닌 상황이 됐다.

　러시아도 마찬가지다. 2014년 우크라이나 크림 반도 합병 이후 러시아에 대한 국제 사회의 시선은 싸늘해졌다. 올해 다보스포럼에서도 상황은 비슷해 메르켈 총리는 연단에 서서 러시아를 공개적으로 비판하고 나섰다. 미국의 경제 제재를 비롯해 압박이 시작됐고 때마침 유가까지 대폭 하락했다. 2015년 들어서 급등락을 거듭하고 있지만 고공 행진을 이어 가던 때의 모습을 기대하기는 어려운 상황이다.

　다보스를 찾는 대부분의 러시아 쪽 전문가들이 사실상 푸틴 대통령을 옹호하는 쪽이란 점은 염두에 둘 필요가 있다. 그러다 보니 러시아 전문가들은 현재 상황이 생각했던 것보다 위협적이나 러시아에 대한 경제 제재는 경제를 죽일 수밖에 없으며 푸틴 대통령에 대한 지지율만 끌어올릴 것이라고 강조했다. 러시아의 위기를 외세의 탄압으로 규정하고 있는 것이다.

2014년 말에 실시된 여론 조사에서 푸틴 대통령에 대한 러시아 국민들의 지지율은 68%로 60%대 초반이던 2014년 초에 비해서 더 높아졌다. 높아진 푸틴의 인기의 근간에는 군사 외교에서 강한 러시아가 있다.

기본적인 러시아 경제 정보부터 따져 보자. 러시아는 작년 11월 공식적으로 경제가 최근 5년 사이 처음으로 쪼그라들고 있음을 인정했다. 러시아 경제는 사실상 원유와 가스에 의지하고 있다. 유가는 지난 2009년 이후 최저치로 떨어졌고 러시아 루블화 가치는 지난 2014년 한 해 동안 48%가 하락했다. 러시아 정부 세수에서도 상황은 비슷하다. 석유와 가스 판매 등에서 전체 세수의 절반이 나온다. 러시아 정부는 배럴당 60달러 선에서 국제 유가가 유지될 경우 올해 러시아 경제 성장률이 -4%일 것으로 보고 있다. 현 재무장관은 이 경우 러시아 정부 재정 적자는 GDP 대비 3% 수준이 될 것으로 봤다.

이고리 슈발로프 러시아 제1부총리(재무 담당)는 "지금 위기가 2008년 위기 때에 비해 덜 심각하지만softer 오래 지속될 수 있다"고 말했다. 그는 이어 "그동안 말만 해 왔던 개혁이 지금 당장 이뤄져야 한다는 사실

> "러시아 국민들은 지도자를 포기하지 않을 것이다. 덜 먹고 덜 쓰며 위기를 극복할 것이다. 경제 제재가 러시아를 공격하기 위한 것임을 국민들은 잘 알고 있다."
>
> **이고리 슈발로프** 러시아 제1부총리

을 러시아 정부도 절감한다"고 덧붙였다. 그러나 그는 불편한 마음도 숨기지 않았다. 그는 "러시아에 대한 소문들은 매우 과장된 경향이 있다"며 경제 제재는 끝나야 한다고 강조했다. 그는 직설적으로 표현했다. "러시아 경제 제재는 서방이 러시아를 동등하게 대우하지 않는다는 것을 보여 주는 것이다. 우리에게 구석진 곳에 조용히 앉아 있으라고 말하지만 우리는 그렇게 하지 않을 것이다. 현 상황이 바뀌지 않는다면 향후 수십 년간 매우 쓰라린 상처로 남을 것이다. 러시아 국민들은 현 상황이 푸틴 대통령에 대한 것이 아니라 러시아에 대한 공격임을 잘 알고 있다."

강한 어조만큼이나 대응책도 강했다. 그는 "러시아 국민들은 어려운 상황에서 더 잘 뭉친다"는 점을 강조하며 "러시아 국민은 지도자를 절대 포기하지 않을 것"이라고 덧붙였다. 또 "더 적게 먹고 더 아끼면서 위기를 극복할 것"이라고 강조했다.

알렉세이 쿠드린 전 러시아 재무장관(현 상트페테르부르크대 교수)

은 가장 우울한 전망을 내놨다. 지난 2000년부터 2011년까지 무려 11년간 러시아 안살림을 챙겼던 그는 푸틴의 대표적인 측근으로 알려져 있다. 그는 2011년 당시 러시아 국방비가 20조 루블(3,060억 달러, 약 350조 원)에 달하는 것은 문제가 있다는 비판을 했다가 당시 메드베데프 대통령에게 미움을 사면서 해임됐다.

그는 현재 러시아의 경제 상황을 '지칠 대로 지친 상황'이라고 평가했다. 그는 "2000년대 초반만 하더라도 러시아의 성장률은 7%였다. 그러나 지금은 지칠 대로 지쳤다"고 설명했다. 쿠드린 전 장관은 "내가 재정 장관이던 시절부터 구조 개혁을 추진하려 했지만 성공하지 못했고 그 역효과가 지금 나타나고 있는 것"이라고 설명했다. 그는 특히 "국유 기업, 그중에서도 에너지 기업들의 생산성을 높이지 못한 것, 개별 기업가들을 양성하지 못한 것, 사회 안전망 구축을 게을리한 것 등이 러시아의 패착"이라고 비판했다. 쿠드린은 그러나 "개별 사안보다 문제가 되는 것은 러시아가 국제 사회에서 신뢰를 잃었다는 것"이라고 꼬집었다.

러시아 2위의 대외무역은행VTB 안드레이 코스틴 CEO 역시 "러시아에 대한 제재는 완전히 잘못된 것"이라고 강조했다. 그는 "제재는 아직도 우리가 냉전 체제에 머물러 있음을 보여 주는 것"이라고 덧붙였다. 한편 우신보 중국 푸단대 교수는 "러시아가 어려운 상황에 처하면 중국이 도울 것"이라는 발언을 내놓아 눈길을 끌었다.

인도는 지난해 다보스포럼에서는 선거 결과가 변수가 될 것이란 지적이 많았다. 실제로 지난해 선거를 통해 나렌드라 모디 총리가 선출되면서 분위기가 바뀌었다.

세계은행 통계에 따르면 인도의 GDP는 지난 2010년 10%대 성장을 한 후에 4~5% 선을 맴돌고 있다. 그러나 인도에 대한 긍정적인 전망이 줄을 잇고 있다. 다보스포럼 전에 발표된 세계은행 경제 전망에서는 올해 경제 성장률이 전년 예상에 비해 상향된 국가가 미국과 인도뿐이었다. 신흥국 중 유일하게 상향 조정된 인도는 나렌드라 모디 총리 취임 후 경기 활성화 기대감 속에 저유가 혜택까지 톡톡히 보고 있다는 게 세계은행 분석이었다. 작년 대비 0.1%포인트 상향 조정된 6.4%로 올라갔다. 특히 2016년에 인도 경제가 중국과 똑같은 성장률(7%)을 보인 뒤 2017년에는 7.1% 성장해 중국 경제 성장률(6.9%)을 추월하는 것으로 나타났다.

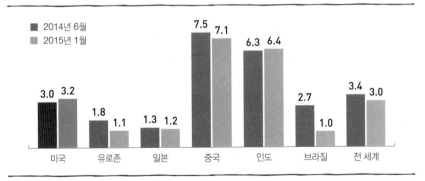

세계은행 2015년 주요국 경제 성장률 전망치   (단위: %)

■ 2014년 6월
■ 2015년 1월

	미국	유로존	일본	중국	인도	브라질	전 세계
2014년 6월	3.0	1.8	1.3	7.5	6.3	2.7	3.4
2015년 1월	3.2	1.1	1.2	7.1	6.4	1.0	3.0

* 날짜는 예상 시점   자료: 세계은행

이런 분위기는 다보스를 찾은 인도 기업인들의 자신감에서도 확인할 수 있었다. 인도 하리 바르샤 쥬빌란트바르샤 대표가 올해 다보스포럼의 공동 위원장으로 이름을 올렸다. 또 인도의 밤 행사는 물론 행사 기간 내내 시내버스 랩핑 등을 통해 인도 알리기에 적극적으로 나섰다.

누리엘 루비니 뉴욕대 교수는 "인도가 제대로 된 개혁만 이뤄진다면 향후 2년 동안 6~7%의 성장을 할 수 있고 중국 경제의 아성을 넘볼 수 있을 것"이라고 전했다. 루비니 교수는 2010년 이래 꾸준히 인도가 중국을 넘어설 수 있을 것이란 주장을 펼쳐 왔다.

인도 최대 민간 은행인 ICICI은행 찬다 코하르 CEO는 "인도 경제는 지금 스위트 스폿sweet spot에 와 있다. 여기서 제대로 한다면 과거의 위치를 회복할 수 있을 것"이라며 낙관론을 펼쳤다. '스위트 스폿'이란 테니스 등에서 사용되는 단어로 공이 멀리 날아갈 수 있는 가장 좋은 위치를 말한다. 도약을 위한 최적의 위치 정도의 의미로 사용된다. 코하르 CEO가 말하는 과거의 위치란 전임 만모한 싱 총리 집권 이전의 시기를 뜻한다.

아룬 자이틀리 인도 재무장관은 전 정권의 잘못된 관행을 고치겠다고 선언했다. 그는 "10년 전부터 인도가 중국을 앞설 수 있다고 말했는데 왜 뒤처졌는가"라며 "전임 정권이 잘못된 결정을 내린 때문"이라고 설명했다. 그는 "지난 10년간 무엇이 빠른 경제 성장을 가져올 것인지에 대해서는 논의하지 않고 무엇이 친서민인지만을 따졌다"며 "성장 대신 분배를 중시하는 정책 결정은 이제 두 번 다시 하지 않을 것이다"라고 말했다.

실제로 빠르게 변화하고 있다는 구체적인 설명도 곁들였다. 바르샤 회장은 "다보스에서 100여 명의 CEO를 만났는데 모두 인도를 기대하고 있다"면서 "실제로 (모디 총리 취임 후) 4~5개월 사이에 1억 2,000만 명이 은행 계좌를 만들었다"고 소개했다.

루비니 교수는 다만 인도 정부가 실제로 정책에서 명확한 모습을 보여야 할 것이라고 전했다. 그는 "새 정부가 모든 제도를 다 바꾸는 빅뱅식의 접근이 아닌 차분히 단계를 밟아 나가는 식의 정책 변화를 이끌어 내야 할 것이다"라고 말했다.

올해 다보스에서는 새롭게 부상하는 아세안경제공동체AEC에 대한 논의도 많았다.

아세안 10개국 인구 6억 5,000만 명이 하나의 공동 시장으로 묶이는 AEC는 2015년 말로 시한이 정해진 상태다. AEC가 출범하면 인구 기준 세계 3위의 시장이 출범한다. 지리적으로 인구 기준 1, 2위인 중국, 인도의 중간에 위치한 새로운 시장이 생겨나는 셈이다. 아시아개발은행ADB은 AEC 출범과 함께 이들 국가의 구조 개혁이 성공리에 이뤄지면 2030년에는 EU와 비슷한 경쟁력이 갖춰질 것으로 봤다. 2030년까지 AEC 지역은 연 6.4%의 성장과 함께 GDP가 현재의 2조 달러에서 6조 6,000억 달러 규모로 커질 것으로 봤다. 이미 아세안은 우리에게 제2의 교역 대상이다. 2013년 한국의 수출 5,596억 달러 중 아세안 수출은 15%를 차지해 중국(26%)에 이어 두 번째다. 특히 아세안은 2016년 말까지 아세안 10개 국가와 한국, 중국, 일본, 뉴질랜드, 호주, 인도 등 16개 국가가 역내포괄적경제동반자협정RCEP을 체결할 예정이다.

프리디야톤 데와쿨라 태국 경제부총리는 "믿겨지지 않을지 몰라도 연말에는 단일 시장이 출범하게 된다"며 현재 관세 부문에서는 사실상 거의 타결이 이뤄졌으며 비관세 부문에서 협의가 남아 있다고 설명했다. 훈센 캄보디아 총리는 "역내 재화, 자본, 노동의 자유로운 이동은 이 지역이 전 세계의 공장으로 부상하는 기회를 마련해 줄 것"이라고 강조했다. 압둘 와히드 오마르 말레이시아 재무장관은 "이 지역은 최근 10여 년간 6%가 넘는 성장을 해 왔다"며 "이제 성장이 모든 개인에게 더 많은 소득 증대로 이어지길 바란다"고 말했다.

제임스 리아디 인도네시아 리포그룹 CEO는 "정부와 연관이 많은 중공업 중심으로 산업이 발달해 온 동북아시아와 달리 아세안은 경공업 중심"이라고 설명했다. 이어 "아세안 공동 시장의 출범은 아시아 경공업 분야 중에서도 규모의 경제가 실현될 수 있는 서비스 분야 등에서 많은 효과를 가져올 것"이라고 기대했다. 리아디 CEO는 "AEC가 연말까지 마무리된다면 우리는 '환상적인 새로운 시대'를 앞두게 되는 셈"이라고 덧붙였다.

세르게이 푼 미얀마 세르게이푼 CEO는 "아세안 국가들의 경제 수준과 발전 정도가 달라 상호 분업이 가능할 것"이라고 설명했다.

"2015년이 인류 문명사를 바꿀 한 해가 될 것"

다보스포럼을 말하면서 빼놓을 수 없는 것이 클라우스 슈바프 회장이다. 1938년 생으로 2015년에 우리 나이로 77세지만 여전히 말할 때면 특유의 낮은 목소리 속에 강한 힘이 느껴지는 인물이다. 전쟁을 겪었던 세대로 화합의 중요성을 강조해 온 그가 처음부터 지금의 다보스포럼을 의도했던 것은 아니다. 제네바대학교 교수이던 슈바프 회장이 경영학자들 간 학술 정보 교류를 목적으로 소박하게 시작한 것이 지금까지 이어지며 전 세계적인 포럼으로 성장한 것이다.

슈바프 회장의 역할은 단순히 포럼을 창립했다는 것에 그치지 않는다. 지난 45년 동안 학자들의 학회에 민간 기업인을 초청하는 산학 포럼은 물론 여기에 정치인까지 참여하는 글로벌 행사로 키워 낸 데는 슈바프 회장의 '문어발' 네트워크가 한몫했다. 경영 트렌드 평가 분석이던 포럼의 목표 자체도 '인류가 처한 상황의 개선'으로 바뀌면서 포럼의 격이 높아졌다. 다보스포럼 덕에 유럽의 스키 휴양지였던 개최지 시골마을 다보스는 매년 초 전 세계의 이목이 쏠리는 곳으로 바뀌었다. 창조경제의 한 사례로도 언급이 됐던 곳이다. 슈바프 회장은 다보스포럼 직전의 바쁜 시간을 쪼개 매일경제신문과의 인터뷰에 응했다. 그는 "2015년이 인류 문명사를 바꿀 한 해가 될 것"이라고 말했다.

Q 왜 '새로운 세계 상황'을 주제로 잡았나?

세계 도처에 불확실하고 복잡한 일들이 넘쳐 나고 있다. 지난 1989년 베를린장벽 붕괴 이후 시작된 경제 통합과 국제 협력이 이제 끝날 가능성도 있어 보인다. 우리는 심각한 정치·경제·사회·기술 변화에 직면하고 있다. 이러한 변화들은 미래를 예측하기 위해 우리가 당연시했던 많은 전제들을 뒤흔들고 있으며 의사 결정을 위해 본질적으로 다른 지표들이 필요해졌음을 말해 준다. 이러한 변화는 전 세계에서 동시에 나타나고 있으며 이를 피해 갈 수 있는 국가는 없다. 다른 말로 표현하자면 2015년이 인류의 역사를 바꿀 한 해라고 말하고 싶다.

Q 구체적으로 어떤 위험인가?

향후 인류의 삶을 크게 바꿀 수 있는 변화들이다. 다보스포럼 사무국에서는 새로운 변화들이 나타나고 있다고 봤다. 전 세계 차원에서 공통적으로 나타나는 변화global challenges로 총 10가지를 꼽았다. ① 환경과 자원 고갈 ② 높아 가는 실업 ③ 양성 간 불평등 ④ 인프라 개발 ⑤ 식량 안보 ⑥ 국제 무역 ⑦ 인터넷 거버넌스 ⑧ 부패 ⑨ 사회 통합 ⑩ 금융 시스템의 미래다. 여기에 높아 가는 지정학 갈등, 전염병, 성장 불균형과 에너지 지형 변화 등은 현재 진행되고 있는 문제다.

Q 올해 다보스에서 가장 중요하게 다루는 어젠다는 무엇인가?

우리는 2015년과 그 이후에 우리가 집중할 글로벌 어젠다를 추려 봤다. 높아지는 소득과 사회적 불평등, 인터넷의 미래, 고조되는 지정학 갈등과 약화되는 협력, 기후 변화와 파급 효과가 현재 우리가 직면한 위험 중에 가장 심각한 것으로 여겨진다.

Q 다보스에서 어떤 논의들이 이뤄지는가?

앞서 말한 지정학 갈등, 경제 성장 둔화, 사회 통합 등의 모든 이슈가 논의될 것이다. 그러나 이 과정에서 가장 중요한 것이 신뢰다. 어떻게 신뢰를 회복할 수 있을지에 대한 논의가 많이 이뤄질 것이다. 신뢰는 단순한 문제가 아니다. 많은 통계에서 볼 수 있듯이 현 시점에서 신뢰도는 모든 분야에서 최저 수준이다. 신뢰는 리더의 책임이다. 당신을 믿고 따르는 사람들의 요구에 따르는 것이다. 다보스에 모인 리더들이 콩그레스센터(행사장) 바깥의 사람들을 신경 쓰고 있다는 신뢰를 보여 줘야 한다.

Q 신뢰를 어떻게 구축할 것인가?

현 시대는 마치 '비관주의'가 우리 시대의 시대정신이 된 것 같다. 이처럼 신뢰가 낮아져서는 안 된다. 우리는 아직 기회가 많다. 그러나 기회를 활용하기 위해서는 현 시대가 근본적으로 바뀌었음을 알아야 한다. 이것이 올해 다보스포럼에서 '새로운 세계 상황'을 주제로 택한 이유다. 올해 다보스포럼에서는 기술·사회·경제 측면에서 세상을 뒤흔드는 근본적인 힘에 대해서 논의할 것이다. 그리고 이들 변화에서 우리가 찾을 수 있는 위협보다는 기회에 더 집중할 것이다.

Q 올해 포럼이 예년과 차이가 있다면 무엇인가?

우리는 모든 분야의 리더들이 다보스가 대화와 협력을 위한 독특한 플랫폼이 될 수 있다고 믿어 준 것에 감사한다. 이 때문에 다보스포럼 사무국은 더 겸손해야 한다. 현재 세계는 교차로에 서 있다. 우리가 과연 협력을 강화하고 우리 앞에 놓인 주요 도전 과제들이 더 심각한 분열을 불러오기 전에 해결책을 찾을 수 있을지 여부가 지금 이 교차로에서 결정될 것이다.

Q 향후 포럼이 추구하고 싶은 목표는 무엇인가?

현재 인류가 직면한 문제들은 공통점을 지니고 있다. 많든 적든 신뢰를 갉아먹고 있다는 점이다. 정치 제도에 대한 신뢰, 국가에 대한 신뢰뿐만 아니라 민간 부문에 대한 신뢰, 사회 전체에 대한 신뢰를 깎아내리고 있다. 다보스포럼이 공공과 민간을 연결하는 국제기관으로 활동하면서 신뢰를 구축하는 역할을 했으면 한다. 또한 국제 사회가 직면한 문제들의 우선순위를 정하고 이러한 심각한 문제들을 해결하는 과정에서 가시적인 성과를 낼 수 있었으면 한다.

Ⓠ 한국에서는 다보스포럼을 창조경제의 대표적 사례로 보고 있다.

다보스포럼의 성공 요인을 평가해 본다면?

오늘날 세계를 규정짓는 것은 복잡성과 속도다. 이러한 환경은 역설적이게도 모든 책임을 져야 하고 결정을 내려야 하는 리더들에게 독특한 공간이 필요한 결과를 가져왔다. 일상에서 떨어져서 큰 그림을 그릴 수 있는 공간이다. 다보스포럼은 일상으로부터의 격리란 점에서 효과적이었다. 또한 격리된 곳에서 민간 부분의 리더들이 공공, 학계, 시민 단체 쪽 카운터파트들과 만나서 허심탄회하게 논의를 할 수 있다는 것도 다보스만의 강점이다. 올해만 보더라도 다보스를 찾는 노벨상 수상자가 14명이나 된다. 이들이 다보스 참석자들에게 평소에 접하기 힘든 혜안을 줄 것으로 예상된다.

Ⓠ 다보스는 수차례 국가 간 갈등 조정의 출발점이 되기도 했다.

한국과 북한을 연결하려는 시도 등은 없나?

중립국인 스위스의 장점을 활용해 다보스는 도전적인 지역 정세 변화 속에서 대화의 기회를 제공하고 신뢰를 구축해 왔다. 이런 노력들이 중동 등에 결실을 맺기도 했다. 또 이를 지속적으로 유지하기 위해서 다양한 이니셔티브를 주도하기도 했다. 다보스포럼에서는 한반도와 동북아 안정을 위한 모든 노력을 지지한다. 다만 6자회담이 정체된 상황에서 적절한 조건이 주어지면 대화가 재개될 수 있는 기회가 있을 것으로 본다. 그리고 다보스 역시 그 역할을 담당할 준비가 돼 있다.

"한국 기업 이대로는 비전 없다"

"더 이상 과거와 같은 방식으로는 안 된다. 기업 활동 전 영역에서 글로벌화가 필요하다." 오릿 가디쉬 베인앤드컴퍼니 회장은 작심한 듯 한국 기업이 지금 이대로는 미래가 없다고 강하게 지적했다. 1월 20일(현지 시간) 다보스포럼 현장에서 만난 그는 "15년 전에도 동일한 얘기를 했지만 그 뒤로 변한 한국 기업은 거의 없었다"고도 말했다.

그는 세계 3대 컨설팅펌 중 하나인 베인앤드컴퍼니를 지난 1993년부터 20년 넘게 이끌어 오고 있는 인물이다. 지난 20여 년간 한국을 자주 오가며 수많은 한국 기업들에게 조언을 해 왔다. 그동안 애정 섞인 충고에 주력했던 그가 이번에는 작심하고 한국 기업을 비판한 것이다.

조금 더 구체적으로 설명해 달라는 주문에 가디쉬 회장은 "한국에서 '글로벌'이란 것은 여전히 '해외에 수출하는 기업'을 의미한다"고 지적했다. 이어 "이는 수출 기업일 뿐이란 얘기지 기업이 전 세계를 상대로 활동하고 있다는 것은 아니다"라고 선을 그었다. 현재와 같은 방식에서는 한국 기업이 뒤처질 것이기 때문에 하루빨리 변화가 나타나야 한다는 얘기다.

올해 전망을 해 달라는 부탁에 가디쉬 회장은 "올 한 해는 지정학 위기 고조와 함께 금융시장 변동성이 커질 수 있고 저유가까지 겹쳐 기업 환경이 어려울 것"이라고 예상했다. 성장이 나타날 수 있는 지역에 대해서도 미국을 제외하면 기대하기 어렵다고도 했다.

Q 향후 세계 경기를 어떻게 전망하는가?

국가별로 경제 성장에 편차가 나타날 것이다. 중국은 금융 위기 이후 견고한 성장을 이어 갔지만 이제는 변화 과정에 있는 것이다. 중국에 철광석 등을 수출하던 호주와 브라질 등은 중국 경제 성장 둔화의 타격을 받았다. 중국 정부가 원하는 대로 중산층 소비진작은 신용 대출 활성화나 임금 인상이 필요하다. 그러나 신용 대출 활성화는 가능성이 매우 낮고 고임금 서비스산업 발달을 통한 임금 인상은 많은 시간이 필요한 일이다. 이를 상쇄하는 것이 미국이다. 미국은 드디어 글로벌 금융 위기를 극복했으며 앞으로 지속적인 성장이 기대된다. 미국의 회복은 이제 시작됐으며 한동안은 변동이 심할 것이다. 하나 걱정이 있다면 일자리가 늘고 생산성이 높아진다고 임금 인상이 이뤄질 수 있을지 여부다. 경제 성장 속도 측면에서 중간에 있는 것이 유럽이다. 그러나 유럽에서는 독일의 생산량을 받아 줄 국가가 없어 한동안 어려움이 계속될 것이다.

Q 올해 기업들이 주의할 요소는 무엇인가?

금융시장 변동성과 저유가다. 가장 큰 위험이 금융시장에서 온다고 생각한다. 시중에 넘쳐 나는 유동성이 금리 인상 이후 축소되면 기업들의 자본 구조와 M&A, 자금 조달을 더 어렵게 만들 수 있다. 유가의 하락 역시 향후 경제를 뒤흔들 변수다. 저유가로 인해 에너지업체들은 울상이지만 제조업체 입장에선 긍정적인 변화다. 업종별 편차를 떠나 심각한 문제는 유가가 이전 수준을 회복한다고 하더라도 에너지 지형은 근본적으로 달라져 있어 경영자 입장에서 더 어려운 상황이 될 것이란 점이다.

Q 한국 기업들의 경영 전략을 평가해 달라.

중국이 한국과 격차를 줄이고 있다. 그리고 엔화 약세는 일본의 부활을 뒷받침하고 있다. 수출 부진은 앞으로 한국의 경제 성장 잠재력을 갉아먹을 것이다. 전 세계는 이제 수출주도에서 내수주도의 경제로 바뀌어 가고 있다. 한국 기업들은 점점 더 글로벌화되고 있다. 그러나 지금까지 한국 기업에게 있어 '글로벌화'란 '한국에서 생산해 해외에 판다'는 것이었다. 그러나 이런 모델은 한계에 봉착했다. 이제 진정한 글로벌 기업이 되기 위해서는 단순히 수출업체가 아니라 글로벌 오퍼레이터가 될 수 있어야 한다. 상품 기획과 마케팅뿐 아니라 원자재 및 자금 조달, 전략적 아웃소싱과 제휴, 인재 채용에 있어서도 세계화 전략이 필요하다. 한마디로 기업 마인드를 세계화해야 한다.

Q 향후 유망한 산업을 꼽는다면?

향후 10년에 대해 낙관하고 있다. 나노기술, 인공지능, 유전학, 로봇, 통신기술 분야

에서 플랫폼 변화가 인류의 생활과 일하는 방식을 바꿀 것이다. 이러한 기술 발달은

금융, 제조업, 유통 등 분야를 막론하고 새로운 기회를 가져올 것으로 본다.

Q 여성 인력 활용을 위한 방안을 알려 달라.

글로벌 시대에 모든 조직이 원하는 결과물을 얻고 싶다면 여성 인력 활용은 필수 불

가결한 요소다. 양성평등이 회사의 발전에 있어 매우 중요하다. 여성들이 제 역량을

발휘하고 일을 계속해 나가는 데 있어 가장 중요한 것은 바로 위 상사들이다. 최고경

영자가 아무리 여성 인력 활용에 대한 의지를 갖고 있다고 하더라도 당장 바로 위 상

사가 비전을 보여 주지 못한다면 여성들의 발전은 기대하기 힘들다.

Q 올해 다보스포럼 주제가 '새로운 세계 상황'이다.

기업 경영자들에게 시사하는 바는 무엇인가?

흔히 우리와 상관없다고 생각하는 모든 문제들이 기업 활동에 영향을 끼친다는 점이

다. 가령 지정학 갈등은 경제에 매우 심각한 영향을 끼치고 있다. 서구 국가들의 경제

제재가 루블화의 폭락을 불러오는 것이 대표적인 사례다. 지정학 갈등은 교역의 감소

로 이어져 글로벌 기업들의 실적에 악영향을 끼칠 것이다.

"한국 금융, 핀테크에 미래 걸어라"

"지점 확장식의 전통적인 해외 진출을 통한 규모 확대보다 핀테크 영역에 한국 금융 기관들의 미래가 달려 있다." 아세안 지역에서 투자은행으로는 최고의 성공 가도를 달리고 있는 CIMB의 나지르 라작 회장의 조언이다. 전통적 방식대로 비슷한 업무로의 확장을 통해 성장하기보다는 한국이 강점이 있는 통신망 등을 이용한 핀테크에서 활로를 찾는 것이 낫다는 얘기다. 그는 말레이시아 2대 총리였던 압둘 라작 총리의 아들이자 현 나집 라작 총리의 동생이다.

CIMB의 총 자산은 120조 원 내외로 한국 대형 은행의 3분의 1 수준이다. 그러나 순익에 있어서는 국내 대형 은행들과 비슷한 1조 4,000억 원(2013년 기준)이다. 빠른 성장과 높은 수익성 때문에 국내 은행들의 벤치마킹 대상이다.

그는 한국 금융 기관들에게 "무리해서 덩치를 키우는 것이 능사는 아니다"며 명확한 전략을 세우는 것이 더 중요하다고 강조했다. CIMB는 아세안을 중심으로 하는 전략 덕분에 금융 위기 때도 큰 어려움을 겪지 않았다.

Q 한국 은행들은 몸집을 키워 경쟁력을 확보해 왔다.
대형 은행의 성공 조건은 무엇인가?

첫 번째, 규모를 키워서 성장 가능성도 높아져야 한다. 두 번째는 규모를 키우려는 목표가 분명해야 한다. 셋째는 협력 파트너나 매수 대상을 잘 골라야 하고 언제든 버릴 준비가 돼 있어야 한다는 것이다.

Q 금융 분야는 '새로운 세계 상황'에 어떻게 적응할 것인가?

미국은 경기 회복과 함께 금리 인상 수요가 있다. 유럽은 지지부진한 경기 회복 기미가 안 보인다. 신흥 시장에서는 통화 약세와 함께 보호무역주의 등으로 인한 타격이 예상된다. 그럼에도 불구하고 아시아의 성장 가능성은 여전히 높다.

Q 핀테크의 미래는 어떻게 보나?

최근 들어 핀테크에 전 세계 금융업계의 가장 많은 관심이 집중되고 있다. 기술과 통신의 발전에 맞물려 현금을 쓰지 않는 사회로의 이동도 한몫했다. 이러한 핀테크의 발전은 은행에 새로운 위협이 되고 있다.

Q CIMB는 한국 은행들이 벤치마크로 삼고 있는데 CIMB의 특징을 말해 달라.

소형 투자은행에서 단기간에 대형 은행으로 성장한 것이 특징이다. 이는 아세안의 성장과도 맞물려 있었다. 아세안 국가의 성장 과정에서 우리와 같은 은행이 필요했던 덕이 크다. 우리는 성장 과정에서 3가지 원칙을 중시했다. 규모의 경제를 유지하는 것과 매출을 유지하면서 수익성을 높이는 것이었다. 지난 2005년 이후 말레이시아, 인도네시아, 싱가포르, 태국, 캄보디아를 거쳐 라오스까지 확장했다. 이 과정에서 한국과 같은 비아세안 국가에까지 진출했다. 비아세안 국가까지 아울러야 규모의 경제를 실현할 수 있어서다. 또한 아세안과 아태지역 연결이 필요한 것도 있었다. 우리는 또한 각 국가에서 현지 인력들에 의해서 운영한다. 이것이 우리 고객들의 수요에 더 잘 부응하는 방법이었다.

Q 한국 기업들이 성장을 위해 취해야 할 모델을 추천해 달라.

통상적인 성장과 혁신적 성장 모델이 있다. 통상적인 성장은 유관 분야로의 확장이다. 한국 금융시장은 이미 성숙한 시장이다. 그만큼 한국 은행들은 은행의 업무 영역을 더 넓혀 기회를 찾아야 한다. 대표적인 것이 해외 진출이다. 혁신적인 방법은 핀테크와 같은 분야를 뜻한다. 한국은 전자상거래가 발달해 있고 매우 빠른 브로드밴드와 발전된 기술을 갖고 있다. 이 분야에서 한국의 핀테크 발전 가능성은 매우 높다고 할 수 있다. 만약 이 분야에서 성공한다면 한국 금융 기관은 최적의 기회를 갖게 되는 것이다.

머나먼 다보스

스위스 동남부에 위치한 다보스. 해발 1,560m에 위치해 서유럽에서 가장 높은 곳에 위치한 도시다. 인구는 1만 2,000명(2012년 기준)으로 여름철엔 트래킹, 겨울철에는 스키 휴양지로 유명하다. 이 조그만 소도시가 매년 1월 말이 되면 전 세계에서 몰려든 다보스포럼 참석자와 수행원, 취재진 등으로 북적인다. 다보스포럼 사무국에서도 정확히 얼마나 많은 사람들이 이 시기에 다보스를 찾는지는 정확히 집계를 하지 않고 있다. 다만 W. 리 하웰 다보스포럼 이사는 "포럼 기간 중에 약 3만 명 정도가 이곳에 체류하는 것으로 추정하고 있다"고 설명했다. 즉 1만 8,000여 명가량이 포럼을 위해 다보스를 찾는 셈.

한국에서 다보스에 가는 길은 결코 간단치 않다. 다보스를 찾아가는 방법은 3가지 코스가 있다. 스위스 취리히를 거쳐 다보스로 이동하거나 독일 프랑크푸르트 혹은 이탈리아 밀라노를 경유해 취리히로 날아가는 법. 보통의 경우엔 취리히 직항을 선호하지만 이 시기엔 표 구하기가 쉽지 않아 프랑크푸르트 경유 비행기를 타는 사람도 많다. 취리히행 비행기를 이용할 경우 한국에서 취리히까지의 비행시간은 14시간 30분이

취리히에서 다보스까지 가는 기차 안에서 찍은 풍경 사진.

다. 중간 기착지인 오스트리아 빈에서 1시간 20분가량을 기다려야 한다. 빈국제공항에서 내려 맥주 한잔 마시고 타면 딱 맞을 시간이다.

이렇게 취리히에 도착하면 저녁 7시쯤이 된다. 이 때문에 취리히 시내에서 일박을 하는 경우가 많다. 취리히에서 다보스로 가는 방법은 열차가 일반적이다. 취리히 중앙역에서 장거리 열차를 타고 40분가량 가면 랑카르트 역에 도착한다. 여기서 다시 다보스행 열차를 타고 1시간 반가량을 가면 다보스에 당도하게 된다. 다보스 도르프와 플라츠 역 어디서 내려도 다보스 시내다. 알프스 산자락에 그것도 해발 1,650m에 위치한 곳이다 보니 돌고 돌아야 한다. 서울에서 대전 가는 정도인 약 157㎞ 구간이지만 시간이 많이 걸리는 것도 이 때문이다. 순수하게 이동하는 거리만 8,758㎞, 약 2만 2,300리 길이다. 이동 시간만 따져도 인천공항에서 다보스까지 총 17시간가량 걸린다. 그러나 눈 덮인 알프스를 통과하는 열차에서 보는 설경은 피로를 모두 날려 줄 만큼 멋지다. 그러나 설국을 달리는 열차 가격은 만만치 않아 인당 100프랑(약 12만 원) 정도다.

포럼 기간 중에는 취리히공항에서 다보스까지 운행하는 셔틀버스도 있다. 다만 눈 덮인 산악 지대를 가로질러 가야 하는 경우가 많아서 셔틀보다는 기차를 이용하는 것이 일반적이다. 차량을 렌트할 경우엔 스노타이어, 스노체인과 함께 비상 연락망을 꼭 챙겨야 한다. 또 다보스 시내에서 돌아다닐 경우엔 아이젠이 필요한 경우가 많다. 빙판길이 많아져서다. 포럼 사무국에서 등록자들에게 지급하는 키트에 아이젠을 넣어 두었을 정도다.

다보스포럼 참가비는 얼마?

다보스포럼은 부자들의 사교 클럽이라는 비판을 받기도 한다. 참석을 위해서는 억 소리 나는 금액을 내야 하기 때문이다. 다보스포럼에 참가하기 위해서는 세계 경제포럼wEF 재단의 회원 자격을 갖춰야 한다. 총 1,000명(기관)으로 제한된 멤버는 3가지로 나뉜다. 전략파트너, 산업파트너, 재단회원이다. 최상위 등급인 전략파트너는 연간 회비가 2014년까지 50만 스위스 프랑이다. 프랑당 1,200원으로 환산하면 6억 원이다. 산업파트너는 25만 프랑, 재단회원은 5만 프랑이다. 〈파이낸셜타임스〉 보도에 따르면 2015년부터는 이 비용이 20% 인상된다. 즉 전략파트너의 경우엔 60만 프랑(약 7억 2,000만 원)을 내야 하는 셈이다.

전략파트너는 다보스포럼 어젠다 세팅 등에 참여할 수 있으며 다보스포럼 행사장에 총 4명을 등록할 수 있다. 여성이 포함될 경우엔 5명까지 등록할 수 있다. 매년 여성 참가자 비율이 17% 선에서 유지되다 보니 포럼 사무국에서 여성 등록을 유도하기 위해서 만들어 낸 방안이다. 산업파트너는 2명을 보낼 수 있고 재단회원은 본인 참석이 가능하다. 참석을 위해서는 별도의 등록비를 내야 한다. 다보스에서 열리는 포럼 외에도 전 세계 곳곳에서 WEF 행사가 열린다. 다보스포럼은 그중 한 행사로 이 행사 참석 비는 인당 2만 7,000프랑(약 3,200만 원)이다. 최소 비용으로만 따져도 다보스포럼 참가 등록을 마치는 데 총 9,200만 원이 필요한 셈이다. 여기에 항공·숙박·식사 비용은 별도다. 배우자를 동반하는 것이 가능하지만 배우자 등은 세션 참석 등에서 제한이 있다. 또 회원도 등급별로 대우가 천차만별이다.

PART
02

지정학의 부활

Chapter 1

지정학 지뢰밭이 된 지구촌

지정학geopolitics이란 용어가 처음 등장한 것은 1916년 스웨덴 정치학자 루돌프 헬렌에 의해서다. 제1차 세계대전(1914~1918)과 제2차 세계대전(1939~1945)을 거치면서 전 세계로 확산된 개념이다. 지리적 환경에 따라 국가 간 정치적 이해관계가 어떻게 달라지는지, 반대로 정치적 역학관계에 따라 지리적 위상이 어떻게 변화무쌍한 모습을 가지는지 담고 있다.

오랜 역사의 지정학이 전 세계를 휩쓰는 '신종 바이러스'로 비화되고 있다. 세계 경제포럼WEF 사무국이 선정한 2015년 글로벌 최대 리스크가 바로 국가 간 갈등, 즉 지정학적 갈등이다.

2014년 3월 러시아의 크림 반도 합병 이후 서방과 러시아가 일촉즉발의 대결 국면에 접어들면서 증폭된 지정학 갈등은 이제 세계 곳곳으로 확산되고 있다. 뿌리 깊은 동북아 갈등은 여전히 진행형이다. 중국이 인접국들과 벌이는 영토 분쟁이나 '화약고' 중동의 문제들 역시 해결이 요원하다. 유럽연합EU은 가입국 간 갈등이 폭발하면서 유로의 존폐까지 거론될 정도로 출범 20여 년 만에 최대 위기를 맞고 있다. 테러리즘의 극단적 형태인 이슬람국가IS의 '묻지마 테러'는 전 세계를 공포로 몰아넣고 있다. 이런 지정학 갈등은 정치, 경제, 사회 전방위로 그 후폭풍을 몰고 온다는 점에서 글로벌 갈등의 주범이다. 지경학geoeconomics이 부상하는 것도 그 때문이다. 2015년 1월 스위스중앙은행SNB의 최저환율제 폐지로 촉발된 신新환율전쟁, 저유가를 둘러싼 에너지 패권 경쟁 등도 지정학 갈등의 경제 버전인 셈이다. 2015년 다보스포럼의 최대 화두는 지정학이다.

"베를린장벽이 붕괴된 지 25년 만에 지정학 갈등이 부활했다."
WEF는 〈2015 글로벌 리스크〉 보고서를 통해 이렇게 선언했다. 지난 2007년부터 WEF가 매년 발표하고 있는 글로벌 리스크에 '지정학 갈등'이 포함된 것은 지난 2011년 이후 두 번째다. 대량 살상 무기 확산, 내전 등과 같은 정치·군사적 리스크들이 부각되기도 했지만 지정학 갈등이란 리스크가 전면에 등장한 것은 2015년이 처음이다. 최근 3년 연속 가장 큰 위협 요소로 선정됐던 '소득 불평등'을 밀어내고 전 세계가 맞닥뜨린 '공동의 적'으로 지목된 것이다. 클라우스 슈바프 WEF 총재는 "지정학 갈등의 불확실성이 국제 협력에 갈수록 악영향을 미치고 있다"고 경고했다.

"세계는 냉전 시절의 지정학적 위기로 되돌아가고 있다. 매우 위험한 상황이고 우리가 간과해선 안 될 문제다."

무함마드 자바드 자리프 이란 외무장관

다보스포럼 현장에서도 '지정학 갈등'은 모든 세션, 모든 주제에 등장해 위험 요소로 지목됐다. 무함마드 자바드 자리프 이란 외무장관은 "세계는 냉전 시절의 지정학적 위기로 되돌아가고 있다"며 "매우 위험한 상황이고 우리가 간과해선 안 될 문제"라고 지적했다.

블룸버그, CNBC 등에 따르면 2015년 전 세계를 짓누를 지정학적 위기로 러시아 변수, IS, 중국의 국경 분쟁, 잇따른 유럽 내 선거, 북극해 자원 분쟁 등이 선정됐다.

특히 IS는 중동의 지정학적 긴장을 고조시키는 것을 넘어 전 세계를 테러 공포로 몰아넣고 있다. 이라크와 시리아 지역에서 영역을 확대하고 있는 IS는 예멘, 요르단, 사우디아라비아 등에서도 세력을 키우고 있고 유럽의 관문인 터키까지 진격할 태세다. 일각에선 현재 아프가니스탄과 파키스탄 지역에 기반을 둔 또 다른 이슬람 무장세력인 탈레반과 IS가 손을 잡는 최악의 시나리오를 우려하고 있다.

글로벌 10대 리스크	글로벌 10대 어젠다
❶ 국가 간 갈등	❶ 소득 불균형 심화
❷ 기후변화	❷ 치솟는 실업률
❸ 거버넌스 실종	❸ 리더십 실종
❹ 국가 분열	❹ 지정학 갈등 고조
❺ 실업과 불완전고용	❺ 정부에 대한 불신
❻ 자연재해	❻ 환경오염
❼ 기후변화 대응 실패	❼ 기후변화
❽ 물 위기	❽ 국가주의 심화
❾ 데이터 범죄	❾ 물 부족
❿ 사이버 테러	❿ 의료 격차

자료: WEF

다보스포럼 역시 2015년 글로벌 성장과 통합을 위협할 화두인 지정학 위기를 증폭시키고 있는 주범 중 하나로 IS를 꼽았다. 다보스 현장에서도 IS의 극단적인 잔혹성에 대한 성토가 쏟아졌다. 존 베어드 전 캐나다 외무장관은 "IS는 이라크의 분열을 노리는 야만적인 죽음의 집단"이라고 비판했다. 로쉬 누리 샤웨이 이라크 부총리 역시 "IS는 단순히 일부 지역적인 문제가 아니라 많은 지역에 뿌리를 내린 테러리즘에 기반한다"고 지적했다. 우르줄라 폰데어 라이엔 독일 국방부 장관은 "어느 나라에서든 IS 테러가 일어나지 않을 것이라고 확신할 수 없다"며 "이에 맞선 국제사회의 협력이 필요하다"고 말했다. IS는 그동안 타깃이었던 미국, 영국 외에도 요르단, 일본 등의 언론인, 군인들까지도 가리지 않고

지역별 최대 리스크

자료: WEF

살해하며 기존 알카에다, 탈레반과 같은 테러 집단과는 또 다른 잔혹성을 보여주고 있다.

글로벌 성장과 평화를 위협할 또 다른 지정학적 갈등 '유발자'로 러시아가 꼽힌다. 러시아와 서방 간 관계는 1990년 베를린장벽 붕괴 이후 최악의 수준이라는 평가다. 저유가와 루블화 가치 폭락으로 러시아 경제는 파탄 직전이다. 그럼에도 불구하고 국민들의 절대적인 신뢰를 업고 있는 푸틴 대통령은 여전히 강경 모드를 유지하고 있다. 러시아 경제 침체가 임계치를 넘어설 경우 러시아의 사회적 불안이 정권 교체로까지 이어지며 큰 혼란에 빠질 것이란 비관론도 제기된다. 하지만 일부에선 결국 러시아와 서방이 타협을 이룰 것이라는 전망도 제기되고 있다. 라임도타 스트라우유마 라트비아 총리는 "21세기에는 한 나라가 다른 나라를 침략하는 것이 용납되지 않는다"며 "우크라이나와 서방, 러시아와의 관계는 제로섬 게임이 아니라 얼마든지 조화가 가능하다"고 말했다.

EU도 전 세계의 '골칫거리'로 전락했다. 좌파가 집권한 이후 EU와 첨예한 긴장 관계를 보이고 있는 그리스의 EU 탈퇴, 즉 그렉시트Grexit 가능성이 여전히 변수로 남아 있다. 이뿐만이 아니다. 반EU 정서가 확산되는 가운데 영국, 스페인, 포르투갈, 핀란드 등이 2015년 총선을 앞두고 있다. 마틴 센 취리히보험그룹 사장은 "2015년에 G20 국가 유권자의 45%는 선거를 치른다"며 "정치적 불확실성이 높아지고 있다"고 말했다. 유로존 재정 위기에 이은 또 다른 위기가 유럽을 엄습하고 있다.

세계 각지에서 벌어지는 국경분쟁도 진행형인 지정학적 리스크다. 중국과 일본의 동중국해 댜오위다오(센카쿠열도) 인근 해역을 둘러싼 영유권 분쟁, 중국과 인도 간 국경분쟁, 이스라엘과 파키스탄의 해묵은 갈등 등이 있다.

Chapter 2

3차원 방정식 지경학

2015 다보스포럼 둘째 날인 1월 22일 앙겔라 메르켈 독일 총리가 '디지털 시대 글로벌 책임'이란 주제로 연설에 나서기 직전 유럽중앙은행 ECB은 총 1조 1,400억 유로에 달하는 대규모 양적완화 조치를 발표했다. 그동안 EU 회원국들의 구조 개혁과 부채 감축을 주장해 온 메르켈 총리로선 각국의 개혁 움직임에 찬물을 끼얹는 조치가 달가울 리 없다.

같은 날 열린 '지경학 경쟁' 세션에선 청중들을 대상으로 한 흥미로운 투표가 벌어졌다. 지정학 경쟁이 경제적 성장을 방해한다고 생각하느냐는 설문에 참석자 중 60% 이상이 '그렇다'고 응답한 것이다.

지정학 갈등은 경제적 충격파를 동반하고 반대로 경제적 이해관계에 따른 국가 간 갈등 역시 첨예해지면서 2차원 지정학은 경제가 개입된 3차원 고차방정식인 지경학으로 진화하고 있다. 지정학이 가져올 더 큰 위협은 지정학 갈등이 글로벌 경제를 짓누르며 일으키는 악순환이 글로벌 성장 동력을 갉아먹는 데 있다. 지정학적 힘의 균형을 위해 각국이

> "지정학적 갈등은 3차원적이다. 지정학적 안보와 경제적 발전은 떼려야 뗄 수 없는 관계다."
>
> **우르줄라 폰데어 라이엔 독일 국방부 장관**

역내통합, 양자 무역협정은 물론 강력한 보호주의 정책까지 내세우며 '생존경쟁'에만 몰두하기 때문이다. 우르줄라 폰데어 라이엔 독일 국방부 장관은 "지정학적 갈등은 3차원적"이라며 "지정학적 안보와 경제적 발전은 떼려야 뗄 수 없는 관계"라고 설명했다.

2015년 다보스포럼이 열리기 불과 10여 일 전 개최지 스위스의 중앙은행은 전격적으로 최저환율제를 폐지했다. ECB의 대대적인 양적완화가 예상되며 환율 방어를 위해 쏟아붓던 유로화 매입 비용이 천문학적으로 늘어날 것으로 예상되자 선제적인 조치에 나선 것이다.

스위스의 화폐인 '프랑'과 종말을 뜻하는 '아마겟돈'을 합쳐 '프랑코 겟돈'이란 신조어가 생겨날 정도로 전 세계 금융시장은 패닉에 빠졌다. 유로화 약세는 더욱 심해지고 안전자산 선호 현상이 극에 달해 강强달러 현상도 심화됐다. ECB가 미국, 영국, 일본에 이어 양적완화에 나선 뒤 각국이 금리 인하 '도미노' 현상을 보이면서 전 세계는 신新환율전쟁

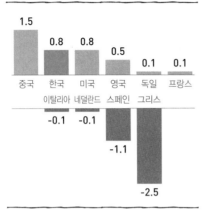

주요국 물가 상승률 (단위: %)

중국	한국	미국	영국	독일	프랑스
1.5	0.8	0.8	0.5	0.1	0.1

이탈리아	네덜란드	스페인	그리스
-0.1	-0.1	-1.1	-2.5

* 2014년 12월 기준, 전년 동월 대비   자료: 유로스타트

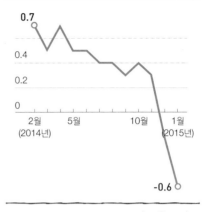

최근 1년간 유로존 물가 상승률 (단위: %)

자료: 유로스타트

에 돌입했다. 2015년 들어 2월까지 우즈베키스탄을 시작으로 루마니아, 스위스, 인도, 이집트, 페루, 터키, 캐나다, ECB, 파키스탄, 싱가포르, 알바니아, 러시아, 덴마크, 호주, 중국 등 무려 16개국이 금리 인하를 단행했다. 디플레이션(경기 침체 속 물가하락) 우려가 그만큼 크다는 것이다.

파스칼 라미 전 세계무역기구WTO 사무총장은 지경학 세션에서 "지정학적, 지경학적 경쟁에는 글로벌 성장을 저해하고 통합을 가로막는 커다란 위험 요소가 있다"고 지적했다.

유가도 지경학 갈등을 부추기는 주범이다. 2008년 한때 배럴당 140달러에 달하던 유가는 날개 없는 추락세를 나타내며 2015년 2월에는 50달

최근 국제유가 추이

유가
최고 **106.91** (6월 13일)
105.00
95.00
85.00
75.00
65.00
55.00
45.00
최저 **47.93** (1월 6일)

6월 2일 7월 1일 8월 1일 9월 1일 10월 1일 11월 3일 12월 1일 1월 1일
(2014년)   (2015년)
시기

* WTI 기준   자료: 블룸버그

러 수준으로 내려앉았다. 2014년 11월 석유수출국기구OPEC가 감산에 나서지 않기로 하면서 유가는 비정상적인 가격대를 나타내고 있다.

사우디아라비아와 미국이 저유가를 이끌고 있고 러시아 등은 유가 방어에 총력전을 펴며 원유를 둘러싼 지정학적 갈등이 최고조에 달하고 있다. 미국은 저유가 카드로 러시아와 이란을 압박하고 IS의 자금줄마저 죄는 '일석삼조'의 효과를 노리고 있다. 미국은 셰일가스 생산량을 유지하며 유가 급락세를 사실상 묵인하고 있다.

최대 산유국 사우디아라비아 역시 미국, 브라질 등 경쟁 산유국의 시장점유율 확대를 막기 위해 저유가를 이끌고 있다. 누리엘 루비니 뉴욕대 교수는 "사우디아라비아의 증산정책은 저가 공세로 경쟁자를 제거하는 약탈적 가격정책과 유사하다"며 "유가 하락은 단순한 지정학적 갈등 때문이 아니라 경제적 이유도 포함돼 있다"고 지적했다.

Chapter 3

푸티니즘 & 그렉시트

　유럽의 위기에는 '푸티니즘(푸틴의 국가주의)'과 '그렉시트(그리스의 EU 탈퇴)'가 자리하고 있다. 푸틴 대통령은 러시아 국민들의 절대적인 지지를 바탕으로 한 '마이웨이 리더십'으로 국제사회의 '문제아'를 자처하고 있다. 2014년 3월 러시아의 크림 반도 병합으로 촉발된 우크라이나 사태는 전 세계에 지정학 전쟁의 서막을 알리는 신호탄이었다. 지정학 갈등의 또 다른 이름으로 '푸티니즘'이 거론될 정도다.

　물론 그 대가는 만만치 않다. 서방의 제재가 본격화되고 엎친 데 덮친 격으로 저유가 후폭풍마저 몰아닥치면서 러시아 경제는 한계 상황에 이르렀다. 디폴트 우려에서도 완전히 벗어나진 못했다. 루블화 가치는 2014년 초에 비해 1년간 무려 40%나 폭락했다. 국가신용등급은 S&P가 투자부적격 등급(BB+)으로 하향했고 무디스(Baa3)와 피치(BBB-)도 투자적격등급 가운데 가장 낮은 수준을 매기고 있다. 2004년 이후 10여 년 만에 다시 투기등급까지 떨어진 것이다. 국가부도 위험을 나타내는

2014년 11월 호주 브리즈번에서 열린 G20 정상회의에 참석한 푸틴 대통령이 살만 빈 압둘아지즈 사우디아라비아 부총리와 얘기를 나누고 있다.

CDS 가산금리는 2015년 2월에 무려 600bp에 달할 정도여서 주요 신흥국들 중 자메이카를 제외하면 가장 높다.

급기야 러시아 정부는 국제유가가 50달러 수준을 유지할 경우 2015년 러시아 경제 성장률이 −3%로 추락해 2009년 이후 처음으로 마이너스 성장을 기록할 것으로 내다봤다. 350억 달러(37조 9,000억 원) 규모의 경제 지원 및 러시아 구조개혁 방안을 발표한 것도 그 때문이다. 더 큰 위협은 자금과 인력의 '엑소더스'다. 러시아 정부는 한 해 1,150억 달러 규모의 자본 이탈이 발생할 것으로 예상했다.

'러시아 전망' 세션에선 낙관론과 회의론이 엇갈렸다.

이고리 슈발로프 러시아 제1부총리는 "푸틴 대통령의 판단과 달리 현재 러시아의 위기는 2008년 때보다 더 심각하고 더 오랫동안 지속될 것"이라고 전망했다. 알렉세이 쿠드린 전 러시아 재무장관도 "서방의 제재는 러시아 경제에 위협적인 수준"이라며 "자금이탈이 가속화될 가능성이 크고 러시아 중앙은행의 금리 인상 등에도 금융시장 혼란은 가중될 것"이라고 내다봤다.

러시아의 S&P 신용등급 추이		
2004년	1월	BB+
2005년	1월	BBB-
	12월	BBB
2006년	9월	BBB+
2008년	12월	BBB
2014년	4월	BBB-
2015년	1월	BB+

* BB+ 투자부적격 등급 　　　　자료: S&P

특히 자원 수출에만 의존하던 취약한 경제 구조를 이번 기회에 개선하지 않으면 러시아의 장기적 성장을 담보할 수 없다는 주장도 제기됐다. 쿠드린 전 장관은 "러시아의 기존 개발모델은 그 수명을 다했다"며 "즉각적인 구조개혁만이 러시아의 경제적 고민을 해결할 수 있을 것"이라고 조언했다.

반면 러시아 국민들의 절대적인 지지가 있는 데다 중국이 '백기사'로 나서면서 서방과 러시아 간 대치 국면이 단기간에 해소되긴 어려울 것이란 전망도 있다. 우신보 중국 푸단대 교수는 "서방의 제재는 오히려 러시아와 중국의 밀월관계를 더 가속화할 수 있다"며 "러시아와 중국의 통화스와프도 방패막이가 될 수 있다"고 설명했다. 중국 인민은행과 러시아 연방 중앙은행은 이미 2014년 10월 1,500억 위안(약 26조 원) 규모의 통화 스와프 협정을 체결한 바 있다. 게다가 2014년 4월 중국은 30년간 4,000억 달러(440조 원) 상당의 러시아 천연가스 구매계약을 체결하며 러시아의 든든한 우군 역할을 하고 있다.

'그렉시트'는 유로존의 또 다른 암초다. 그리스의 급진좌파인 시리자를 이끌어 총선에서 승리한 알렉시스 치프라스 총리는 EU 탈퇴 가능성을 부인하고 있지만 독일이 강요해 온 긴축에 정면으로 맞서면서 유로존

알렉시스 치프라스 그리스 총리가 2015년 1월 총선에 승리한 후 환호하는 군중들을 향해 연설하고 있다.
사진: 블룸버그

에 긴장감을 고조시켰다. 특히 이 같은 그리스의 움직임에 영국, 프랑스, 이탈리아 등도 동조하면서 반反긴축동맹까지 형성되기도 했다. 그리스가 부채탕감, 구제금융 연장 등을 놓고 EU, ECB, IMF 등과 줄다리기를

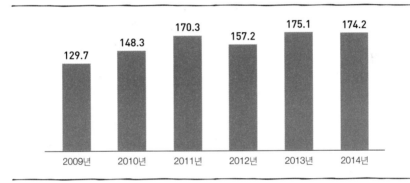

그리스 **GDP** 대비 국가부채비율 (단위: %)

자료: IMF

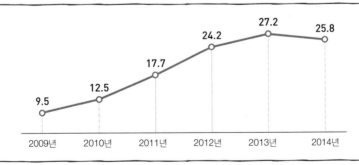

그리스 실업률 추이 (단위: %)

자료: IMF

벌이면서 유로존의 갈등이 쉽사리 사그라들지 않고 있다.

지그마르 가브리엘 독일 부총리 겸 경제장관은 "유럽 정책은 ECB 혼자 하는 것이 아니다"며 "독일은 EU를 지키기 위한 임무를 수행 중인데 모든 회원국들은 구조개혁을 이행해야 한다"고 말했다. 가브리엘 부총리는 "구조개혁에 나서면 선거에서 패할까 걱정하지만 그렇지 않으면 위기를 연장하는 꼴이 된다"고 경고했다. 마크 루트 네덜란드 총리는 "유럽은 개혁에 소홀했기 때문에 외부 충격에 취약해졌다"며 "유럽은 긴축재정과 구조개혁이 필요하다"고 말했다.

하지만 엔다 케니 아일랜드 수상은 "EU는 구조적인 한계 때문에 의사결정이 너무 느리다"며 "EU와 회원국 간 잡음을 줄이는 게 필요하다"고 지적했다.

Chapter 4

동북아 삼국지

2014년 11월 중국 베이징에서 시진핑 주석과 아베 신조 일본 총리는 첫 정상회담을 가졌다. 아시아태평양경제협력체APEC 정상회의 개막에 앞서 양국 정상이 첫 조우를 한 것이다. 중일 정상회담은 2011년 12월 이후 약 3년 만이며 아베 정권이 들어선 이후에는 처음이다. 하지만 역사적인 두 정상의 만남의 결과물보다는 시종일관 냉랭했던 이날의 분위기가 두고두고 회자됐다. 시진핑 주석이 노골적으로 아베 총리를 냉대하는 장면이 전 세계로 전해지면서 댜오위다오(센카쿠열도) 영유권 문제와 야스쿠니 신사 참배 등으로 골이 깊은 양국 간 분위기를 그대로 보여 줬다. 〈파이낸셜타임스〉는 "두 국수주의 지도자들의 증오"라고 평가했고 영국 〈텔레그래프The Telegraph〉는 "세계에서 가장 어색한 만남"이라고 표현했을 정도다.

한일 관계 역시 살얼음판이다. 윤병세 외교부장관은 다보스포럼 마지막 날 현지에서 기자간담회를 열어 "2015년 한일 관계에 6개의 지뢰밭이 있다"고 말했다. 야스쿠니 신사 참배와 일본군 위안부 문제와 함께 2월 말 다케시마의 날 행사, 3월 역사교과서 검증, 4월 미·일 방위지침 개정, 6월 종전 70주년 아베 총리 담화 등이다.

특히 제2차 세계대전 종전 70주년을 맞는 2015년은 한중일 삼국에 작지 않은 의미를 가지고 있어 동북아 지정학 갈등의 중대한 변곡점이 될 전망이다. 실제 WEF 〈글로벌 10대 어젠다〉 보고서에 따르면 2015년 다보스포럼의 최대 화두인 지정학적 갈등으로 가장 큰 위협을 받을 지역으로 아시아(33%)가 선정됐다. '화약고' 중동(20%)이나 새로운 분쟁 지역으로 떠오른 유럽(22%)보다도 높은 수치다.

다보스포럼에서도 출신 지역별로 동북아 지정학 갈등을 바라보는 시

지정학 위협에 노출된 지역

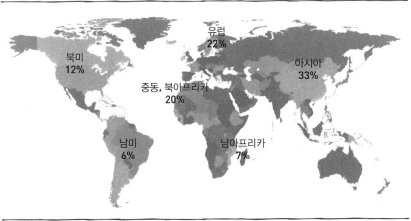

자료: WEF

선은 엇갈렸다. 시모무라 하쿠분 일본 문부과학상은 "센카쿠열도에서 중국 선박의 배타적경제수역EEZ 침범이 계속되고 있다"며 "일본은 냉정하고 단호하게 대응할 것"이라고 말했다. 하세가와 야수치카 다케다 제약 회장은 "센카쿠열도를 둘러싼 안보 위협이 아무도 원하지 않는 위기 수준으로 심화될 수도 있다"고 경고했다. 반면 한국의 길정우 의원은 "아시아 정치 지도자들은 그동안 역사의 족쇄를 돌파하는 데 적극적이지 않았다"며 "이런 과거의 유산이 잠재적으로 아시아의 경제적 부흥을 가로막고 있다"고 지적했다. 윤병세 외교부 장관은 "일본군 위안부 문제는 국제적으로 전시 성폭력이라는 측면에서 보편적 문제로 인식되고 있기 때문에 과거의 역사를 왜곡하려는 일본의 시도는 실현될 수 없다"며 "일본이 어떻게 하느냐에 따라 한일 관계가 더 악화할 수도 있다"고 말했다.

낙관론도 제기됐다. 우신보 푸단대 교수는 "2014년 다보스포럼에서 최대 화두 중 하나는 영토 분쟁을 겪는 중국과 일본이 실제 전쟁을 벌일지 여부였지만 결국 아무 일도 일어나지 않았다"며 "양국이 경제적으로 긴밀한 상호의존적 관계를 유지하고 있기 때문"이라고 말했다. 다나카 아키히코 일본 국제협력기구 총재는 "역사적인 배경에 따른 상호 신뢰 부족에도 불구하고 아시아는 미래 성장을 저해하는 국가 간 긴장을 완화시킬 안정장치를 가지고 있다"고 낙관했다.

그동안 일본의 과거사 인식의 기준점이 되어 왔던 것이 종전 50주년

"중국의 급성장이 동북아 힘의 균형에 변화
를 가져왔고 새로운 지역적 협력 관계에 큰
변수가 되고 있다."

우신보 푸단대 교수

무라야마 담화, 종전 60주년 고이즈미 담화다. 아베 총리의 종전 70주년
담화를 앞두고도 한중일은 첨예한 신경전을 펼쳤다. 중국의 급부상도 동
북아 한중일 관계의 변수다. 중국으로 균형추가 급격히 쏠리면서 그동안
팽팽한 기 싸움을 벌이던 중국과 일본의 갈등 국면이 어디로 흘러갈지
종잡을 수 없기 때문이다. 우신보 푸단대 교수는 "중국의 급성장이 동북
아 힘의 균형에 변화를 가져왔고 새로운 지역적 협력 관계에 큰 변수가
되고 있다"고 말했다.

일각에선 이참에 동아시아 지정학적 갈등 해소를 위한 상시적인 집단
안보기구 구축을 주문하기도 한다. 2014년 12월 서울에서 열린 세계정
책회의WPC에선 문화적 동질감을 공유하는 한중일 등이 집단안보체제를
구축해야 한다는 주장이 제기됐다. 티에리 드 몽브리알 프랑스 국제관계
연구소IFRI 소장은 "전 세계적인 거버넌스 위기를 해결하기 위해선 강대
국들이 아닌 한국과 같은 '미들파워'가 제 역할을 해야 한다"며 "동아시

아가 확고한 안보를 확보하기 위해서는 EU와 같은 집단안보체제가 필요하다"고 밝혔다.

몽브리알 소장은 "절대 패권을 갖고 있는 국가의 힘이 약해지면서 지금 세계 질서는 새로운 변혁기를 맞고 있다"며 "중국, 러시아 등이 미국의 절대 패권에 잇달아 도전장을 내밀면서 세계가 점차 다극화 시대를 맞고 있다"고 설명했다. 그는 "문화적으로 동질감을 느끼는 지역의 국가들끼리 뭉쳐 하나의 제국을 만들고 다른 제국을 견제하는 움직임이 역사적으로 반복되고 있다"며 "나아가 같은 제국 안에서도 패권을 잡기 위해 국가 간 신경전을 펼치면서 불안이 증폭되기도 한다"고 덧붙였다. 그는 "러시아에서 국가주의가 부활하면서 전 세계적으로 심대한 지정학적 위협을 가하고 있다"며 "힘의 균형을 위해서도 집단안보체제의 중요성은 갈수록 커지고 있다"고 주장했다.

Chapter 5

다자협력기구의 실종

　지정학적 갈등은 결국 거버넌스의 실패다. 전 세계가 '각자도생'에 나서면서 그 영향력이 크게 줄어든 다자협력기구의 쇠퇴와 맞물린 결과다. 국지적, 국제적 분쟁을 조율하고 해결할 조정자mediator가 실종된 것이다.

　국제연합UN, 주요20개국회의G20, 국제통화기금IMF 등과 같은 국제기구의 위상 약화와 함께 다자무역기구들도 그 설 곳을 잃었다. 이 때문에 현재 진행 중인 환태평양경제동반자협정TPP, 아시아·태평양자유무역지대FTAAP, 역내포괄적경제동반자협정RCEP 등 이른바 '메가 FTA'를 활용해야 한다는 목소리가 높다.

　미국 주도의 TPP, 중국 주도의 FTAAP, 아세안 10개국과 한중일 등 16개국이 참여하는 RCEP 등은 기본적으로 경제협정이지만 외교, 안보 등도 포괄하는 다자간 협력기구로 활용될 가능성이 크다. 지정학이 경제가 결합된 지경학으로 이동한 만큼 글로벌 개방, 다자간 무역 등으로 개

방도가 높아지면 국가 간 갈등 수준을 완화시키는 효과를 가지기 때문이다.

'글로벌 무역 촉진' 세션에 참석한 호베레트 아제베도 WTO 사무총장은 "금융 위기 이후 WTO는 너무 많은 분야에 힘을 분산했다"며 "앞으로 현실적이고 실현 가능한 목표에 집중하려는 것도 그 때문"이라고 말했다. 그는 "지역별 경제공동체와 WTO는 충분히 공존할 수 있다"고 덧붙였다.

마이클 프로먼 미국 무역대표부USTR 대표는 "무역 개방은 지정학적 갈등을 감소시키는 큰 계기가 될 것"이라고 말했다. 리 다오쿠이 칭화대 교수도 "최근 브라질, 러시아, 인도, 중국 등지에서 새로운 개발은행들의 등장은 글로벌 거버넌스에 도움이 될 것"이라고 전망했다.

아나벨 곤잘레즈 세계은행 디렉터는 "민관이 무역과 투자의 틀을 만드는 WTO와 같은 기구가 제 역할을 해 줄 필요가 있다"며 "결국 지정학

FTAAP와 TPP 비교

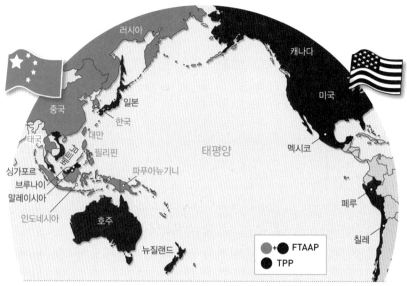

*FTAAP 구성국은 APEC 참가(예정)국 기준

FTAAP (아시아·태평양자유무역지대, 중국 주도)

» **역내 무역액**: 5조 1,520억 달러　　» **역내 GDP**: 42조 5,255억 달러　　» **역내 인구**: 28억 6,120만 명
» **대상국**: 중국, 홍콩, 한국, 러시아, 파푸아뉴기니, 대만, 인도네시아, 필리핀, 태국, 호주, 브루나이, 일본, 말레이시아, 뉴질랜드, 싱가포르, 베트남, 캐나다, 칠레, 멕시코, 페루, 미국

TPP (환태평양경제동반자협정, 미국 주도)

» **역내 무역액**: 2조 152억 달러　　» **역내 GDP**: 27조 5,720억 달러　　» **역내 인구**: 8억 1,431만 명
» **참가국**: 미국, 호주, 브루나이, 일본, 말레이시아, 뉴질랜드, 싱가포르, 베트남, 캐나다, 칠레, 멕시코, 페루
* **참가 협상 중**: 한국, 인도네시아, 필리핀, 태국

자료: IMF, UN, 닛케이비즈니스

적 갈등의 상당 부분은 경제적 문제에서 비롯되기 때문에 이를 해결할 거버넌스를 구축하면 지정학 갈등의 부작용을 상쇄할 수 있을 것"이라고 지적했다.

TPP와 FTAAP는 글로벌 슈퍼파워 미국과 중국이 주도한다는 점에서 또 다른 형태의 세계 재편과 경쟁의 도화선이 될 것이라는 시각도 있다. TPP에는 미국, 일본, 호주, 베트남 등 12개국이 협상에 참여하고 있다. 협상이 완료되면 8억 명 이상의 인구에 27조 달러가 넘는 경제권을 형성하게 된다. 2014년 12월 출범한 제3차 아베 내각은 TPP 타결을 주요 정책 목표로 설정해 놓았을 정도로 의욕을 보이고 있다. 양자 FTA 체결이 늦은 일본은 TPP를 통해 이를 일거에 만회하려는 의도를 갖고 있다.

TPP에 맞서 중국은 2014년 11월 베이징에서 열린 아시아태평양경제협력체 정상회의에서 FTAAP 구상의 로드맵을 마련해 참가국 동의를 얻어 냈다. 왕융 베이징대 국제정치경제연구소장은 "한중 FTA 이후 중국의 목표는 한중일 FTA가 될 것이고 이는 역내포괄적동반자협정과 연계되며 자연스럽게 FTAAP로 넘어가게 될 것"이라며 "결국 미국과 중국은 아시아·태평양 경제 통합을 두고 맞설 수밖에 없는 상황"이라고 분석했다.

"제2의 야말프로젝트, 한국 업체에 큰 기회"

　"1~2년 내 제2의 야말프로젝트를 시작한다. 한국 업체들에게 커다란 기회가 될 것이다."

　러시아 최대 민간 가스업체인 노바텍의 레오니드 미헬손 회장은 매일경제와 가진 인터뷰에서 "내년 이후 아무르지역에 대형 화학 시설을 짓는 프로젝트를 진행하는 데 이어 야말프로젝트와 비슷한 규모의 프로젝트도 계획하고 있다"고 밝혔다.

　미헬손 회장은 푸틴 대통령의 측근으로 분류되는 러시아의 대표적인 올리가르히(신흥재벌)로 러시아 3위, 세계 50위권에 랭크된 거부다. 최근 저유가와 서방의 제재로 어려움을 겪고 있긴 하지만 직접 다보스포럼에 참석해 왕성한 활동을 벌였다. 야 말프로젝트는 시베리아 야말 반도에서 매장량 1조㎥가 넘는 초대형 가스전을 개발해 LNG 형태로 수출하는 사업이다. 노바텍과 프랑스 토탈, 중국석유천연가스공사 등이 총 2,000억 달러를 투자해 오는 2017년부터 생산에 들어갈 예정이다.

Q 야말프로젝트의 사업성을 전망한다면?

노바텍은 해외 수출 위주의 국영 가스업체 가스프롬과 달리 그동안 러시아 내수시장 에서만 활약해 왔다. 첫 LNG 수출 사업이 이번 야말프로젝트다. 한국을 비롯한 동북 아에 가스 공급을 추진하고 있다. 한국은 일본에 이어 가장 큰 LNG 수입국이다. 몇 차 례 한국가스공사에 공급 계약을 요청했는데 아직 피드백을 받지 못했다. 노바텍은 동 종업체 중 발굴 비용과 생산 비용이 가장 낮아 경쟁력이 있다. 발굴 비용은 원유로 따 지면 배럴당 0.6~0.7달러에 불과하다.

Q 저유가와 서방의 경제 제재로 러시아 에너지기업들이 어려움을 겪고 있는데 위기 극 복을 위한 방안은 무엇인가?

노바텍이 미국의 제재 리스트에 포함됐는데 도무지 그 이유를 알 수 없다. 미국 에너 지업체들의 잠재적 경쟁자로 생각하지 않는다면 그런 결정을 내리지 않았을 것이다. 그럼에도 불구하고 미국을 포함한 유럽, 일본, 중국, 한국 등 주변국들과 지속적인 파 트너십을 유지할 것이다. 특히 한국과 더 많은 협력 관계를 기대한다.

Q 최근 루블화 폭락으로 러시아 기업들의 위기감이 커지고 있는데 해결 방안은 무엇인가?

노바텍은 수익의 절반은 루블화로 거래하는 국내 가스 판매에서 나오고 나머지 절반은 해외에서 석유화학제품을 팔아 외화로 얻는다. 이 때문에 다른 업체보다 환율 변동에 유리하고 유가 변화에 따른 컨틴전시 플랜이 있기 때문에 저유가 역시 큰 문제가 되진 않는다.

Q 한국 정부가 추진하는 '유라시아 이니셔티브'에 대해 평가한다면?

남북한과 러시아를 거쳐 유럽을 잇는다는 구상은 매우 좋은 아이디어다. 한반도에 큰 발전의 계기가 될 것이다. 다만 정치적 문제를 해결하기 위한 노력이 필요하다. 한국은 세계에서 가장 경쟁력 있는 조선산업을 보유하고 있다. 한국은 육상루트뿐만 아니라 해상루트에도 관심을 가질 필요가 있다.

Q 셰일가스 등장으로 가스업계의 경쟁이 심화될 것으로 예상되는데 이에 대해 어떻게 생각하는가?

가스는 셰일가스가 아닌 다른 에너지원들과 경쟁한다. 값싸고 믿을 만한 기존 가스 시장은 정치적 영향만 없다면 더 빠르게 성장할 것이다.

"미얀마, 아시아 최대 유망 시장"

　"미얀마는 성장 가능성이 무한하다. 인프라 투자만 이뤄진다면 아시아에서 가장 유망한 시장이 될 것이다."

　개혁개방 가속화로 미얀마가 아시아의 새로운 시장으로 떠오르고 있다. 미얀마 SPA그룹 세르게 푼 회장은 다보스 현지에서 가진 매일경제신문과의 인터뷰에서 "인프라는 경제 성장을 위한 등뼈와 같다"며 "인프라 개발이 빠른 속도로 진행된다면 미얀마 경제 성장도 날개를 달게 될 것"이라고 밝혔다.

　아시아개발은행ADB은 미얀마 경제가 향후 10년간 연 7~8% 성장할 것으로 내다봤다. IMF도 연평균 8.25% 성장을 전망했다. 2010년까지 연평균 성장률이 4%대였던 것과 비교하면 2배 가까운 성장세가 예상되는 것이다.

Q 정치적 리스크 등으로 미얀마 경제 성장에 대한 우려가 아직 남아 있는데 이에 대한 견해는 무엇인가?

미얀마 경제 상황은 현재 양호하다. 정치적 리스크를 거론하는 이들도 있지만 그렇게 심각한 편은 아니다. 선거에서 집권당이 바뀌더라도 지금의 경제 정책은 그대로 유지될 것으로 보여 불확실성도 크지 않다.

Q 올해 글로벌 경제에 여러 위기 요소가 있는데 어떤 리스크가 가장 위협적인가?

리스크는 상대적인 개념으로 얼마나 관리 가능한 수준이냐가 중요하다. 저유가 국면이 지속되면서 세계 경제의 변동성을 키우고 있지만 준비된 기업들은 충분히 감내할 수 있다. 지정학 갈등, 저유가 등 글로벌 변동성을 키우는 리스크 역시 미얀마의 성장세를 막지 못할 것이다.

Q 미얀마 경제 성장의 또 다른 장애 요소가 있다면 무엇인가?

다른 나라들과 마찬가지로 가진 자와 못 가진 자 간 소득 불평등은 미얀마에서도 심각하다. 장기적으로 미얀마의 성장을 가로막을 변수다. 중산층을 확대하는 일이 시급하다. 현재 미얀마 1인당 GDP는 1,270달러에 불과하다.

Q SPA그룹의 향후 성장 동력은 무엇인가?

SPA그룹은 현재 40개 계열사와 6,500여 명의 직원을 거느린 미얀마 최대 기업 중 하나다. 부동산개발업을 중심으로 금융, 헬스케어, 자동차 딜러, 부품 조립, 교육, 관광, 항공, 농업, 커피사업 등 전 분야를 망라하고 있다. SPA가 소유한 요마뱅크는 현재 미얀마 6개 지점을 보유하고 있다. SPA그룹의 성장 동력은 금융서비스다. 앞으로 미얀마를 비롯한 아시아 국가에는 많은 개발 작업이 진행될 것이다. 이를 위한 금융서비스 업무에 대한 수요가 크게 늘어날 것이다.

Q 한국을 비롯한 해외 진출 계획은 무엇인가?

현재 사업 비중의 95%가 미얀마에 있지만 해외 진출을 대비하고 있다. 홍콩, 방콕, 싱가포르에 사무소를 운영하고 있고 중국에선 부동산개발업에 적극 진출하고 있다. 한국 진출 계획은 아직 없지만 가능성을 계속 검토하고 있다.

다보스는 국가 홍보관의 전장

140여 개국에서 글로벌 리더들이 대거 출동한 다보스포럼은 그 규모만큼이나 각국의 홍보전도 활발하다. 주로 중진국, 후진국들을 중심으로 각국을 소개하는 부스를 마련하기도 하고 시내 곳곳에 광고판을 설치하기도 한다. 이들 국가가 내건 캐치프레이즈를 비교하는 것도 흥미롭다. 인도는 다보스 시내를 관통하는 시내버스에 자국의 캐치프레이즈인 '인도에서 만들자Make in India'를 내걸었다. 일부 건물에 설치된 '인도에서 미래를 설계하라Building the India of Our Dreams'는 대형 간판도 눈에 띈다. 말레이시아는 '더 많은 기회를More Opportunities'이란 이름으로 홍보관을 마련했다. 이집트는 좀 더 노골적이다. 시내 중심에 위치한 고급 호텔 벨베데레에 '이집트에 미래를 투자하라Investing in Egypt the Future'는 현수막을 내걸었다. 남아프리카공화국은 '새로운 길을 위해Inspiring New Ways'를 부착한 홍보관을 마련했고 멕시코는 다보스포럼 마지막 날 참석자들에게 멕시코식 뷔페를 제공하는 행사를 마련하기도 했다.

국가들이 자국 이미지 홍보에 나선다면 각국의 글로벌 기업들은 다보스포럼을 비즈니스의 장으로 활용한다. 전 세계 1,500여 개 기업들이 몰려드는 다보스포럼은 글로벌 기업들에게는 비즈니스를 위한 최적의 무대다. 글로벌 CEO들은 3박 4일간의 다

멕시코 국가관.

말레이시아 국가관.

보스포럼 기간 중 분초 단위로 시간을 쪼개 자신들이 마련한 홍보관 등에서 쉴 새 없이 비즈니스 미팅을 진행한다. BOA, 바클레이즈, 스위스리 등과 같은 글로벌 금융기관은 물론 MS, 세일즈포스닷컴 등과 같은 IT 기업들은 저마다 특색을 갖춘 홍보관을 마련했다. 아우디는 최고급 호텔인 벨베데레에 아예 전시장을 마련하기도 했다.

철옹성으로 변한 다보스

갈등의 골이 깊어진 세계의 현안을 다루다 보니 다보스는 더욱 철옹성이 됐다. 다보스포럼 현장 곳곳에서 "2015년은 보안 기준이 더 까다로워졌다"는 말이 자주 나왔다. 프랑스 언론 〈샤를리 에브도〉에 대한 테러를

콩그레스센터 경비.

비롯해 세계 곳곳에서 흉흉한 일이 벌어지면서 보안이 대폭 강화된 것.

주행사장인 콩그레스센터 출입은 물론 주요 호텔 출입 때도 보안이 대폭 강화됐다. 콩그레스센터의 도로와 접하고 있는 쪽은 외부에 가벽이 설치됐다. 2014년만 해도 유리창을 그대로 드러냈던 곳인데, 2015년에는 갑옷을 입혀 놓은 셈이다. 일반인들이 자유롭게 출입하던 콩그레스센터 옆 공터 등에 경찰이 설치한 출입 금지 벽이 생겼다. 마치 다보스포럼 행사장이 폐쇄된 견고한 성으로 변한 느낌까지 들었다.

행사가 진행 중인 다른 호텔들과 도로 등 주변 경계도 삼엄해졌다. 다보스 곳곳에서 군용 차량들과 무리 지어 이동하는 경찰의 모습이 자주 보인다.

스위스 군은 다보스포럼에 맞춰 군 병력 3,000여 명을 배치했다. 예년에 비해 숫자가 늘어난 것은 아니지만 경계 태세는 훨씬 강화됐다는 것이 포럼 사무국의 설명이다. 다보스포럼 기간 중 현지 보안을 책임진 장 자크 홀터 스위스군 소장은 "특별한 테러 징후는 포착되고 있지 않지만 최악의 시나리오를 대비하고 있다"고 밝혔다.

다보스에 뜬 친푸틴 시위대

"포로셴코 대통령은 살인자다. 열 손가락에 피를 묻힌 사람이다."

살벌한 구호들이 시위대의 입에서 터져 나온다. 거리에는 처참하게 살해된 시민들의 사진이 전시돼 있다. 시위 현장에 울려 퍼지는 배경 음악은 드라마 〈모래시계〉 주제가로 한국에서도 널리 알려진 러시아 음악 '백학'이다. 페트로 포로셴코 우크라이나 대통령을 규탄하는 친러 시위대다.

장소는 다름 아닌 다보스포럼장. 40여 개국 정상을 포함한 전 세계 글로벌 리더 2,700여 명이 참석하는 2015년 다보스포럼은 그 어느 때보다 경비가 삼엄했다. 곳곳에 푸른 제복의 경찰들과 군복을 입은 군인들이 철통 검문을 벌였다. 이곳에 시위대가 뜬 것이다. 지정학적 갈등을 올해 글로벌 최대 리스크로 선정했던 다보스포럼이 몸소 그 현장을 보여준 셈이다.

포럼 첫째 날인 1월 21일(현지 시간) 다보스포럼이 열리는 콩그레스센터 앞이 갑자기 소란스러워졌다. 공식 배지를 받은 참석자들만 통과할 수 있는 '보안 구역' 입구에 친러 우크라이나 주민들이 몰려와 기습 시위에 나섰기 때문이다. 이들의 타깃은 포로셴코 대통령. 다보스포럼에 참석한 포로셴코 대통령은 이날 '우크라이나의 미래'란 주

우크라이나 시위대.

제로 연설에 나섰다. 포로셴코 대통령은 별도로 크리스틴 라가르드 IMF 총재를 만나 추가 구제금융을 요청한 것으로 알려졌다.

시위대는 길을 지나는 사람들에게 '돈바스 주민을 구해 주세요'라는 문구가 적힌 CD와 '오데사를 기억하라', '파시즘을 멈춰라'고 적힌 배지를 나눠 줬다. 우크라이나 동부 돈바스와 남부 오데사는 친러 반군과 정부군 간 치열한 내전이 벌어지고 있는 곳으로 수백만 명의 난민이 발생한 우크라이나 최대 '화약고'다. 시위대 가운데 한 사람은 "포로셴코 대통령은 나쁜 사람, 푸틴은 좋은 사람"이라고 목소리를 높였다.

PART
03

21세기 리더십

Chapter 1

정부의 위기, 리더십 실종

2015년 다보스포럼은 지정학 갈등을 글로벌 최대 위협으로 선정했다. 지정학 갈등이 더 위협적인 것은 이를 해결할 리더십마저 위기에 처했다는 것이다. 세계경제포럼WEF 〈글로벌 10대 어젠다〉 보고서에 따르면 전 세계가 시급히 해결해야 할 어젠다로 소득 불평등과 구조적 실업에 이어 선정된 게 바로 '리더십 부재'다. 이번 WEF 조사에서 응답자의 대다수(86%)는 전 세계가 겪는 가장 큰 위기 중 하나가 리더십 위기라고 진단했다. 또 응답자의 절반이 넘는 55%는 '정부는 투명하고 책임감이 있다'는 질문에 '그렇지 않다'고 응답했다.

에델만의 '신뢰도 지표조사(2014년)'에서도 정부에 대한 국민들의 신뢰도는 민간 영역인 기업에 비해 형편없는 것으로 나타났다. 기업에 대한 신뢰도는 2009년 50%에서 2014년 58%로 상승했지만 같은 기간 정부 신뢰도는 43%에서 44%로 큰 변화가 없는 것으로 나타났다. 시자 샤시드 말라라 펀드 설립자는 "훌륭한 기업들은 혁신을 통해 우리를 이롭

게 하지만 정부와 국제기구는 정치에만 몰두할 뿐 그 어떤 진보도 보여주지 못하고 있다"고 지적했다.

리더십의 위기는 대의민주주의의 추락과 같은 맥락이다. 각국 정부와 시민들 간 신뢰는 허물어지고 괴리감은 커지고 있다. 유로존 위기부터 아랍의 봄, 우크라이나 사태, 홍콩 민주화 사태 등이 이를 방증하는 대표적인 사건들이다. 호르헤 소토 Data4 창업자는 "오늘날 각국의 리더들은 20세기 사고방식과 19세기 제도로 21세기 시민들과 소통하려고 한다"고 지적했다.

WEF 〈글로벌 10대 어젠다〉 보고서에 따르면 정부에 대한 신뢰도는 사실상 최하위에 가깝다. 시민단체 및 비영리기구가 10점 만점에 5.53점을 받아 가장 높은 신뢰도를 보였다. 기업(4.72), 교육(4.7), 국제기구(4.62) 등이 뒤를 이었다. 정부에 대한 신뢰도는 3.83에 불과해 조사 항목 중 종교단체(3.57)를 제외하면 가장 신뢰도가 낮은 것으로 나타났다.

호세 바로소 전 유럽연합EU 집행위원장은 "과거와는 비교할 수 없을 정도로 빠른 정치적 결정이 요구되기 때문에 정치적 의사결정이 갈수록 복잡해지고 있다"고 말했다. 모이세스 나임 전 〈포린폴리시〉 편집장은 "정부의 의견 수렴과 정책 집행 속도가 시민사회 및 민간의 기대치 상승 속도를 따라잡지 못한다는 게 문제"라고 지적했다.

정부의 위기는 곧 정치의 실패를 의미한다. 미국의 경우 오바마 대통령 집권 2기 이후 바람 잘 날이 없다. 부자 증세, 건강보험 개혁은 물론

분야별 리더십 신뢰도

🤲	시민단체 및 비영리기구	5.53점
🏢	기업	4.72점
🎓	교육기관	4.70점
🌍	국제기구	4.62점

💗	의료기관	4.53점
📶	언론	3.94점
🏛	정부	3.83점
🙏	종교단체	3.57점

* 10점 만점

자료: WEF

추락하는 정부에 대한 신뢰

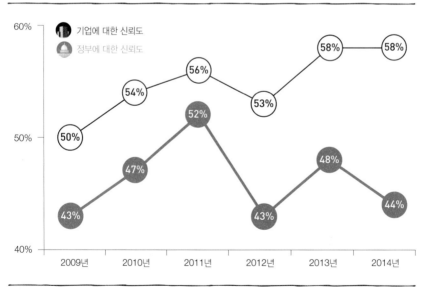

- 기업에 대한 신뢰도
- 정부에 대한 신뢰도

기업에 대한 신뢰도: 50% (2009년), 54% (2010년), 56% (2011년), 53% (2012년), 58% (2013년), 58% (2014년)

정부에 대한 신뢰도: 43% (2009년), 47% (2010년), 52% (2011년), 43% (2012년), 48% (2013년), 44% (2014년)

자료: 에델만

> "정부의 리더십을 다시 세우는 데 민간 부문의
> 역할이 절실하다. 우리가 진정 필요로 하는 리더
> 십은 정부의 힘만으로는 부족하다."
>
> **앤 마리 슬래터** 뉴아메리카재단 이사장

테러와의 전쟁에 있어서도 정부와 공화당은 날 선 대립을 이어가고 있
다. 이 과정에서 정작 중심에 있어야 할 미국 국민들은 소외되고 있다.
나임 전 편집장은 "과거 미국 행정부 폐쇄나 재정 절벽과 같은 정치 마
비 사태에서 보듯이 정치인들은 사태를 해결할 능력이 없다"며 "가장
시급히 혁신이 필요한 곳이 정치 분야다"라고 일갈했다.

　결국 민간이 나서야 한다는 게 다보스포럼의 조언이다. 앤 마리 슬래
터 뉴아메리카재단 이사장은 "정부의 리더십을 다시 세우는 데 민간 부
문의 역할이 절실하다"며 "우리가 진정 필요로 하는 리더십은 정부의 힘
만으로는 안되며 시민사회의 기능과 힘을 키우려는 노력이 병행돼야 한
다"고 말했다. 하지만 바로소 전 집행위원장은 "리더십 실패를 지나치게
확대해선 안 된다"며 "그럴 경우 극단주의자, 포퓰리스트, 극우주의자들
이 활개를 칠 수 있다"고 경고했다.

　미국 여론조사업체 퓨 리서치센터 '전 세계 태도 프로젝트(2014년)'에

31%	**15%**	**34%**
"중국이 미국을 대체할 것이다"	"중국이 이미 미국을 제쳤다"	"중국은 미국을 대체하지 못할 것이다"

자료: 퓨리서치센터

따르면 G2 패권 경쟁의 승자는 이미 중국이다. 중국이 결국 미국을 제치고 글로벌 최강대국이 될 것이란 응답은 31%, 이미 중국이 미국을 제쳤다는 응답도 15%에 달했다. 중국이 미국을 제치지 못할 것이란 응답(34%)보다 높다.

실제 글로벌 리더십 위기의 일차적 원인은 '슈퍼파워' 미국의 약화다. 물론 중국이 미국의 경제 규모를 따라잡을 수 있겠지만 당장 반세기 동안 미국이 해 온 '세계의 경찰' 역할을 대체하진 못할 것이다. 미국 리더십의 균열은 이미 진행형이다. 특히 부시 행정부의 적극적인 '개입주의' 외교정책과 달리 오바마 정부는 무력 사용을 최소화하는 '축소주의' 정책을 펴면서 그동안 미국이 행사해 온 헤게모니는 약해졌다. 미국 주도의 글로벌 지배 구조는 이미 끝났다는 시각도 팽배하다.

앤 마리 슬래터 뉴아메리카재단 이사장은 "인종 분쟁, 계층 갈등을 해결할 능력이 없는 미국의 정치적 리더십은 실패했다"며 "정치시스템은 망가졌고 대중의 정치 무관심은 커졌다"고 지적했다. 조지프 나이 하버드대 교수도 "미국의 힘에 대한 절대적인 신뢰는 신화에 불과하다"며 "EU와 중국의 경제적, 정치적 힘이 커지면서 국제적인 사건에서 영향력을 두고 경쟁이 치열해지고 있다"고 말했다.

Chapter 2

빛바랜 국제기구

다보스포럼이 꼽은 2015년 최대의 위협은 '국가 간 갈등'이다. 슈퍼 파워 미국의 영향력이 줄어들면서 세계 곳곳에서 벌어지는 분쟁과 갈등을 해결할 리더십이 사라졌다. 지역적 기반을 뛰어넘은 국제기구들의 활약이 절실한 시대다. WEF '글로벌 10대 어젠다' 조사에 따르면 '국제기구가 글로벌 경제 발전을 촉진시킨다'는 질문에 '그렇다'는 응답(60%)은 '그렇지 않다'는 응답(39%)보다 월등히 높았다. 하지만 '글로벌 리스크를 해결한다', '국제 안보 위협에 대응한다'는 질문에는 '그렇지 않다'는 응답이 각각 47%, 48%로 크게 상승했다.

국제연합UN, 주요20개국회의G20, 세계무역기구WTO, 국제통화기금IMF 등 그동안 미국과 함께 글로벌 갈등 해결사 역할을 해 온 글로벌 거버넌스들이다. 하지만 미국의 영향력 약화와 동시에 이들 국제기구들에 대한 신뢰도 역시 하락세다.

무엇보다 서방권 국가 일변도의 운영에 대한 거부감이 극에 달한 상

태다. 같은 조사에서 '현재 국제기구들이 신흥국들의 경제적, 정치적 영향력을 제대로 반영하고 있느냐'는 질문에 '그렇지 않다'는 응답은 절반이 넘는 56%에 달했다. 실제 UN 사무총장, IMF 총재, 세계은행 총재, WTO 사무총장 등 주요 국제기구들의 주요 자리는 서방 국가들의 '나눠먹기'로 변질된 지 오래다. 키쇼르 마부바니 싱가포르국립대 학장은 "제2차 세계대전 이후 만들어진 국제기구들은 더 이상 제 역할을 못하고 있다"며 "서방이 부당한 영향력을 행사하고 자신들의 이해관계에만 몰두하며 시스템이 망가졌다"고 지적했다. '글로벌 거버넌스 구조를 개혁해야 한다'는 질문에 무려 응답자의 87%가 호응하고 나선 것이 이를 대변한다.

슬래터 뉴아메리카재단 이사장은 "지금의 국제적 거버넌스는 실패했다"며 "제2차 세계대전 이후 조직된 국제기구들은 더 이상 전 세계를 대변하지 못하고 오히려 개혁 대상이 되고 있다"고 지적했다. 마부바니 학

국제기구의 신흥국 이해관계 대변

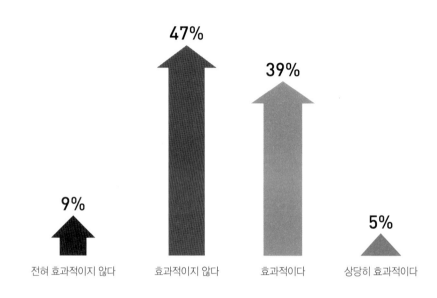

47%

39%

9%

5%

전혀 효과적이지 않다　　효과적이지 않다　　효과적이다　　상당히 효과적이다

자료: WEF

국제기구 개혁 필요성

32%　　55%　　11%　　2%

매우 필요하다　　필요하다　　필요 없다　　전혀 필요 없다

자료: WEF

장도 "다극화 시대에 더 글로벌화 된 새로운 거버넌스가 필요하다"고 주장했다. 조지프 나이 교수는 "효율적인 글로벌 거버넌스를 구축하려면 그동안의 하향식 모델에서 벗어나 포트폴리오 조직으로 탈바꿈해야 한다"고 지적했다.

Chapter 3

다보스 홀린 젊은 리더십

2014년 2월 이탈리아는 전 세계에서 가장 젊은 총리 중 한 명을 탄생시켰다. 취임 당시 30대였던 1975년생 마테오 렌치 총리다. 렌치 총리는 '개혁'을 기치로 이탈리아를 탈바꿈시키고 있다. 경제적으로 무거운 재정 적자의 짐을 털어내진 못했고 사회적으로도 갈등 봉합에 성공하진 못했지만 이탈리아는 여전히 그의 리더십을 기대하고 있다.

다보스포럼에서도 그는 열정적인 연설로 좌중을 휘어잡았다. 특히 과거의 이탈리아를 '박물관'으로 표현하며 이제 이탈리아는 '혁신'으로 나아갈 것이라는 그의 연설에 많은 이들이 환호했다. '변혁의 리더십'을 주제로 한 그의 연설 주요 내용을 옮겼다.

나는 1975년에 태어났다. 당시
이탈리아는 높은 성장을 이루고 있
었지만 테러와 같은 많은 문제들
도 있었다. 1975년은 유럽에서 처음
으로 국회의원 직접선거라는 개념이 나온
시기다. 위험이 없는 시대는 없다. 미래에 대해 이야기하는 것은
쉽지 않다. 오늘날 이탈리아에는 기회의 바람이 불고 있다. 물론
많은 위험 요소들이 있다. 그런 위험 요소를 제거하는 게 리더십
의 자질이고 정치인의 역할이다. 라틴어 '카르페 디엠carpe diem'
이란 말이 있다. 현재 이 순간에 충실하라는 뜻이다. 지금 이탈리
아는 개혁이 필요하다. 미래는 이미 시작됐다. 나는 '내일'이란
미래를 말하는 게 아니라 '오늘'을 얘기하고 있다. 경제도 중요
하지만 정치적 리더십 없이는 세상을 바꿀 수 없다.

우리는 재정 및 세제 개혁, 노동시장 변화를 시작했다. 향후 1
년이 관건이다. 헌법 개정도 했다. 새로운 선거제도도 도입될 것
이다. 앞으로 임기가 3년 남았다. 이탈리아의 안정을 위한 더 나
은 환경은 우리가 창조해 갈 것이다. 많은 이탈리아 사람들은 이
탈리아를 단순히 박물관으로만 생각하지 않는다. 후대에 이탈리
아를 설명할 때 박물관으로 표현하고 싶지 않다. 이탈리아를 혁

신연구소로 소개하고 싶다. 유럽이 이탈리아의 문제를 해결해 줄 때까지 기다린다면 이미 그전에 이탈리아는 무너질 것이다. 우리는 개혁에 나서야 한다.

유럽이 취하는 정책의 방향이 항상 옳은 것은 아니다. 2014년 11월 호주 브리즈번에서 개최된 G20 정상회담에서 모든 나라가 성장을 위한 투자를 얘기하는데 유럽은 오직 긴축정책만 강조했다. 안정과 성장이 모두 중요한데 유럽은 성장을 배제해 버렸다. 유럽이 긴축뿐만 아니라 성장의 중요성을 알고 더 많은 투자에 주목해야 한다고 생각한다. 유럽중앙은행ECB의 독립성을 존중하지만 ECB는 유럽에 새로운 메시지를 줄 수 있어야 한다. 유럽은 단순한 경제 공동체가 아니다. 통화와 예산정책이 전부가 아니다. 유럽은 제2차 세계대전 이후 70년간 평화, 번영, 안정의 나라였다. 앞으로 유럽은 단순히 지속되는 게 아니라 경제 혁신은 물론 문화, 가치, 아이디어에서 메시지를 줄 수 있어야 한다고 생각한다. 유럽이 하나로 뭉쳐 구조적인 개혁에 성공한다면 많은 문제들이 해결될 것이다.

이라크, 시리아, 러시아, 우크라이나 등 수많은 지정학적 위험들이 있다. 국제적인 테러와 같은 새로운 위험 요소도 있다. 하지만 리더들이 미래를 문제가 아닌 기회로 바꿀 수 있어야 한다.

그 가능성은 유럽의 새로운 개혁에서 찾을 수 있다. 새로운 유럽과 새로운 이탈리아를 위해 가장 중요한 것은 미래지향적인 아이디어로 새로운 세대에 투자할 수 있어야 한다는 것이다. 이 모든 것이 실현된다면 이탈리아는 대단한 나라가 될 것이다. 이탈리아는 박물관이 아니라 혁신연구소가 될 것이다. 이것이 단순히 아름다운 전통에서 벗어나 변화와 개혁에 나서는 이유다. 이탈리아의 전성기는 어제가 아니라 내일이 될 것이다. 관료, 선거, 교육, 회계, 헌법 등 사회 전반 모든 것들이 개혁 대상이다. 이탈리아는 분열의 나라로 알려져 있는데 나는 새로운 비전을 원한다. 새로운 르네상스를 위한 비전이다. 르네상스는 경제, 문화, 아이디어, 가치와 사람의 질을 높이는 것이다. '내일'이란 이탈리아의 미래를 얘기하는 것이 아니다. 미래는 내일이 아닌 오늘이다.

Chapter 4

독일은 경제리더십,
프랑스는 안보리더십

　유럽을 이끄는 쌍두마차 독일과 프랑스는 다보스포럼에서 세계의 불확실성을 해소할 '리더십'의 중요성을 강조했다. 유로존 위기에도 굳건한 성장세를 유지하는 경제력 덕분에 독일은 EU의 해결사 역할을 도맡고 있다. 국제 분쟁에도 적극적으로 개입하며 앙겔라 메르켈 총리는 '세계의 총리'로까지 불리고 있다. 메르켈 총리는 유로존 위기를 타개할 '경제리더십'을 내세웠고 프랑수와 올랑드 대통령은 다보스포럼 직전 발생한 샤를리 에브도 테러 사태를 거론하며 '안보리더십'의 중요성을 강조했다.

　메르켈 총리는 '디지털 시대 글로벌 책임'을 주제로 한 연설에서 "지금은 역사적인 저금리 시대라고 하지만 막대한 재정 적자를 안고 있다가 향후 금리가 오르면 어떻게 감당하겠느냐"고 반문하며 "지금이야말로 나라 곳간을 정상화시킬 때"라고 역설했다.

　독일은 유로존 위기 해결을 위해 EU 각국에 긴축재정을 요구하고 있다. 그리스, 이탈리아 등과 갈등을 빚는 것도 그 때문이다. 메르켈 총리는 "지금 유럽은 성장을 촉진시키고 일자리를 창출해야 한다"며 "지금 지체한 모든 시간은 결국 잃어버린 시간이기 때문에 개혁에 속도를 내야 한다"고 주문했다. 또 메르켈 총리는 "유럽은 위기에서 벗어나 더 강력해질 기회가 있다"고도 말했다.

스페인, 이탈리아 등을 언급하며 메르켈 총리는 "유럽은 아직 위기에서 벗어나지 못했다"며 "EU 단일 시장은 규제 완화가 더 진행돼야 하고 더 개방돼야 한다"고 주장했다. 또 그는 "성장과 긴축이 반대편에 있다는 이분법은 잘못됐다"며 "독일은 성장에 기반한 재정정책이 가능하다는 것을 몸소 보여 줬다"고 설명했다.

특히 급격한 고령화에 따른 인구통계학적 변화는 향후 모든 나라의 성장을 위협하는 커다란 변수다. 메르켈 총리는 "600만 명의 근로자들이 은퇴하는 다음 세대까지 부담이 이어지지 않게 하려면 부채 수준을 관리해야 한다"고 강조했다.

그리스 사태와 관련해서 메르켈 총리는 "그리스가 유로존에 남아 있어야 한다는 대명제는 변함이 없다"며 "그리스가 그들이 져야 할 책임을 나눠 진다면 우리도 적극 협력할 것"이라고 말했다.

메르켈 총리는 "유럽은 두 가지 기회를 놓쳐선 안 된다"며 "대륙 간 FTA를 통해 무역 개방에 나서야 하고 디지털시대 표준을 만드는 작업 역시 미래를 위한 투자"라고 말했다. 그는 "독일은 유럽의 안정을 지키

메르켈 독일 총리가 2015년 다보스포럼에서 연설하고 있다.   사진: 블룸버그

는 정신적 지주로서 역할을 앞으로도 다할 것"이라고 강조했다.

유럽의 또 다른 축 프랑스의 다보스 메시지는 '테러와의 전쟁'이다. 2015년 1월 전 세계를 경악하게 한 샤를리 에브도 테러는 프랑스는 물론 전 세계를 테러 공포에 몰아넣고 있다. 지정학적 갈등의 또 다른 형태인 테러는 전 세계가 함께 맞서야 할 '공동의 적'이다.

프랑수와 올랑드 대통령은 다보스포럼 특별연설에서 "프랑스뿐만 아니라 모든 나라가 테러의 위협에 노출돼 있다"며 "나아가 민주주의 자체가 위험에 처했다"고 강조했다. 올랑드 대통령은 "프랑스는 테러와

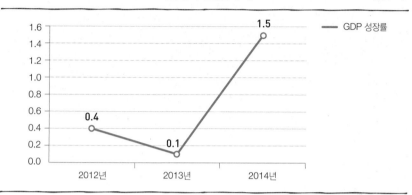

독일 경제 성장률 추이   (단위: %)

자료: 독일 통계청

싸우는 데 항상 최전선에 서 있을 것"이라며 "우리는 테러와 싸우는 이
들을 도와야 하며 국제사회도 해답을 내놔야 한다"고 주문했다.

그는 "테러리즘은 마약, 돈세탁, 국제 범죄 등을 활용해 점점 강력해
지고 있다"며 "인터넷 역시 테러리즘이 세력을 확대하는 데 중요한 통
로가 되고 있다"고 지적했다. 그는 "유럽은 테러 세력들을 견제하기 위
해 국경을 더 강화해야 하고 인터넷이 증오의 장이 되지 않도록 사이버
관리에도 나서야 한다"고 말했다.

올랑드 대통령은 전 세계가 맞서 싸워야 할 대상으로 테러 외에도 기
후변화에 대한 대응을 강조했다. 올랑드 대통령은 "전쟁난민 못지않은
기후난민의 심각성을 알아야 한다"며 "지구온난화에 효과적으로 대응

올랑드 프랑스 대통령이 2015년 다보스포럼에서 안보의 중요성을 강조하는 연설을 하고 있다.

사진: 블룸버그

하기 위해 강제력 있는 글로벌 협약을 만들어야 한다"고 주장했다. 또 그는 "기후변화 대응에는 큰 자본 투자가 필요하다"며 "기후변화 대응의 동력을 높이려면 세계 경제가 적극 참여해야 한다"고 설명했다.

그는 "세상은 불평등과 싸워야 한다"며 "성장과 투자가 이뤄져야 하며 힘들더라도 구조 개혁에 더 적극적으로 나서야 한다"고 주장했다. 그는 "안보 없는 풍요는 없다"며 "명확한 비전과 함께 도전적이고 장기적인 접근이 필요하다"고 역설했다.

Chapter 5

미국의 경고, 우크라이나의 호소

　다보스포럼에서 주목받은 또 다른 국가 정상들도 있다. 전 세계 테러와의 전쟁을 이끌고 있는 미국과 지정학 갈등을 촉발시킨 크림 반도의 당사자 우크라이나다. 미국 리더십의 실종을 우려하는 목소리도 있지만 세계의 경찰로서 미국의 파워는 여전히 막강하다. 특히 전 세계를 위협하는 이슬람국가IS와의 전쟁을 이끌고 있는 것도 미국이다. 미국에선 존 캐리 국무장관이 특별연설에 나섰고 우크라이나는 페트로 포로셴코 대통령이 직접 다보스를 찾아 러시아를 향한 강경한 발언을 쏟아냈다.

　존 캐리 국무장관의 일성은 '타도 IS'였다. 캐리 장관은 "문명 세계는 테러리즘의 위협에 굴복해선 안 된다"며 단호한 대응을 강조했다. 그는 IS를 아예 다에시Daesh로 지칭했다. 다에시는 이라크·샴 이슬람국가ISIS의 아랍어식 약자로 이 단체가 IS로 개명하기 전에 썼던 명칭이다. IS를 국가로 인정하지 않고 무장 테러 집단으로 격하하는 의미를 담고 있다.

　캐리 국무장관은 "그들은 역사상 어떤 테러리스트보다 잘 무장돼 있

존 캐리 미국 국무장관이 다보스포럼에서 연설하고 있다.   사진: 블룸버그

고 훈련돼 있다"며 "중동 지역뿐만 아니라 전 세계 개별 국가들을 위협하고 있다"고 경고했다.

현재 IS 격퇴에는 60여 개국이 연합에 나서고 있지만 아직 그 속도가 미흡하다는 게 캐리 장관의 설명이다. 캐리 장관은 "전 세계는 그들의 주장에 귀 기울이기보다는 테러리스트 자체로서 그들을 상대해야 한다"고 지적했다. 캐리 장관은 "그 어떤 종교, 이데올로기, 정치도 테러리스트의 잔학한 만행을 정당화할 수 없다"고 강조했다. 그는 "오직 테러리스트를 제거하는 것만이 문제를 해결할 수 있다"고 단언했다.

캐리 장관은 테러리즘의 근본적인 해결을 촉구했다. 그는 "테러리즘

페트로 포로셴코 우크라이나 대통령이 다보스포럼 특별연설 도중 러시아 미사일에 피격된 버스의 잔해를 들어 보이고 있다.

사진: 블룸버그

이 발생하는 환경을 근본적으로 바꿔야 한다"며 "장기적인 접근법을 가지고 테러에 취약한 부분을 파악해야 하고 급진 세력을 막는 데 더 많은 노력을 기울여야 한다"고 주장했다.

우크라이나는 전 세계 지정학적 갈등을 촉발시킨 크림 반도 사태의 중심에 서 있다. 러시아의 지원을 받는 친러 반군과 서방을 업은 우크라이나 정부군이 벌이는 벼랑 끝 전쟁에 전 세계는 몸살을 앓고 있다. 페트로 포로셴코 대통령은 다보스포럼 특별연설을 통해 "우리 영토가 외국 군대에 의해 점령당한 2014년은 우크라이나 역사에 가장 힘든 시기였다"며 "하지만 반대로 이 지역에 평화를 되찾을 수 있다는 강한 동기 부여가

됐다"고 밝혔다.

그는 "우크라이나 영토의 7%를 러시아군이 차지하고 있다"며 서방의 지원을 호소했다. 그는 연설 도중 러시아에 피격된 버스의 잔해를 들어 보이며 "볼노바카 총격전에서 우리 국민을 공격했던 러시아 미사일에 맞은 버스 조각을 가져왔다"며 "이 조각은 내게 조국을 상대로 벌어진 테러 공격의 상징"이라고 말했다.

특히 포로셴코 대통령은 "우리는 우크라이나의 통합과 독립을 위해서만 싸우는 게 아니다"며 "우리는 유럽의 가치를 위해 싸운다"고 역설했다. 그는 "우크라이나는 더 강해질 것이고, 더 민주적으로 바뀔 것이고, 더 유럽다워질 것이다"라고 강조했다.

우크라이나에 러시아는 타도 대상을 넘어 극복의 대상이다. 포로셴코 대통령은 "우크라이나는 경제 개혁을 위한 준비가 되어 있다"며 "일단 투자하기 좋은 환경을 조성할 필요가 있다"고 주장했다. 그는 "러시아로부터 에너지 독립을 추진하고 있다"며 "국내 셰일가스 생산을 획기적으로 늘려 줄 새로운 에너지 공급처를 물색 중이다"고 말했다. 포로셴코 대통령은 "국제사회에 우크라이나에 대한 지지를 요청했다"며 "정치적 협력, 경제적 원조, 군사 기술 이전 등이 필요하다"고 설명했다.

한편 우크라이나 사태는 다보스포럼이 끝난 뒤 2월 12일 독일, 프랑스, 러시아, 우크라이나 등이 참석한 4자회담에서 친러시아 반군과 정부군 간 휴전에 합의하면서 일촉즉발의 위기는 모면했다. 벨라루스의 수도

민스크에서 진행된 4개국 정상회의에선 우크라이나 정부군과 분리주의 반군이 전선에서 중화기를 철수하고 안전지대(비무장지대)를 설정하는 내용에 합의했다. 하지만 같은 장소에서 2014년 9월 체결된 휴전협정에서도 정부군과 반군 간에 폭 30㎞에 이르는 완충지대를 설정하기로 합의했지만 이후 교전이 재개되면서 유명무실해진 바 있다. 전쟁이 장기화되며 우크라이나 경제도 파탄 상태에 이르렀다. 휴전 합의가 이뤄진 같은 날 크리스틴 라가르드 IMF 총재는 우크라이나를 돕기 위해 175억 달러(약 19조 4,000억 원)를 지원하기로 합의했다고 밝혔다. 라가르드 총재는 "우크라이나에 대한 구제금융 패키지가 IMF 175억 달러를 포함해 400억 달러 정도 규모"라며 "나머지는 EU 등 다른 곳에서 조달할 것"이라고 말했다.

"아시아 인프라시장 유망"

"아시아 인프라스트럭처 등이 매우 유망하다고 판단해 관심을 갖고 있다."

미타니 다카히로 일본 공적연금GPIF 이사장의 말이다. 일본 공적연금은 지난해 말 기준으로 27조 2,600억 엔(약 1조 900억 달러)의 자산을 보유한 세계 최대 규모의 연금이다. 운용자산이 한국 연간 수출 규모에 필적한다.

그는 한국 국민연금 기금운용본부 독립 등에 대해서는 "독립하는 것이 가장 이상적인 형태"라고 설명했다. GPIF의 공식 명칭은 '연금적립금관리운용 독립행정법인'이다.

미타니 이사장은 아베 신조 총리가 아베노믹스 흥행을 위해 주식투자를 늘려 줄 것을 요청했으나 이에 대해 반기를 든 인물로도 유명하다. 그러나 GPIF는 2014년 말 일본 증시에 대한 투자를 늘릴 것이라고 천명하면서 논란이 일기도 했다. 이에 대해 미타니 이사장은 "한국도 마찬가지겠지만 이자율이 낮은 상황에서 더 이상 채권에만 돈을 묶어 놓을 수는 없는 것 아니냐"고 덧붙였다. 그는 "연금의 특성상 장기 투자가 많은 상황에서 성과를 단기간에 국한해서 평가하려는 것은 연금을 좀먹는 결과를 가져올 뿐"이라고 평가했다.

Q 현재 GPIF가 관심을 갖는 투자 부문은 어디인가?

매우 수익을 내기 어려운 시대다. 아시아 인프라스트럭처, 부동산 등에 대한 투자를 긍정적으로 검토하고 있다. 그러나 아시아 인프라스트럭처의 경우엔 아직 우리가 잘 모르는 분야가 많고 단기간에 수익을 내기 어려운 부분이 있음을 감안해야 한다. 한국에서도 한국투자공사 등이 관심이 많은 것으로 알고 있다.

Q 올해 최대의 리스크는 무엇인가?

2015년에는 저유가와 지정학 갈등이 걱정스럽다. 저유가는 다른 무엇보다 러시아 경제를 좀먹는다는 점이 염려스럽고 지정학 갈등은 경제 활력을 떨어뜨릴 수 있어서다.

Q 채권이나 주식 등에 대한 전망은?

금리가 너무 낮은 상황에서 채권의 매력은 매우 낮은 게 사실이다. 주식시장에 대해서는 좀 더 긍정적으로 보고 있다. 미국 시장의 상황을 매우 좋게 본다. 올해에 이어

내년까지 경제 성장이 이어질 것으로 보고 있다. 유럽의 경우엔 한동안은 조심하는 것이 나아 보인다. 중국의 경우에는 시장 상황 자체를 조금 이해하기 힘든 면이 있어서 피하고 있다.

Q 국민연금의 경우엔 연간 수익률이 낮아서 많은 비판을 받기도 한다.

연금이나 국부펀드에게 1~2년의 단기 성과를 갖고 판단하는 것은 문제가 있다. 장기 투자를 하는 곳에서 단기 성과로 평가가 이뤄지면 잘못된 의사결정이 내려질 위험이 있다.

Q 한국에서 국민연금의 운용본부 독립에 대한 논의가 수년째 지속 되고 있다.

운용본부는 독립된 형태로 운영되는 것이 맞다고 본다. 그러나 이는 쉽지 않은 문제다. 일본에서도 많은 논의를 통해서 현재의 체제가 갖춰졌다. 그럼에도 여전히 조율을 해야 할 부분들이 적지 않다.

다보스포럼 심장부 콩그레스센터

다보스포럼에 참석하는 글로벌 리더들이 머리를 맞대고 '세계의 새로운 상황'을 논의할 콩그레스센터는 아직 공사가 한창이었다.

매경 다보스포럼 취재팀은 2015년 1월 19일(현지 시간) 주 행사장인 콩그레스센터의 모습을 카메라에 담았다. 콩그레스센터 입구부터 행사장까지의 모습을 통해 대략적인 행사장의 모습을 확인할 수 있다. 콩그레스센터에서는 오찬과 만찬 세션 및 일반 대중에게 공개되는 오픈 세션을 제외한 주요 세션이 열리는 곳이다. 다보스포럼의 핵심이다. 정상급 인사만 40여 명이 방문하는 행사장인 탓에 이곳에 입장하기 위해서는 사무국이 엄격히 통제하는 배지를 달아야만 한다. 입구를 지키는 경호원이 보는 화면에는 입장자의 신분과 이름, 소속 조직을 확인할 수 있는 시스템이 갖춰져 있다. 콩그레스센터 안을 촬영할 수 있는 허가를 얻기가 매우 까다로운 탓에 지금까지 이곳의 모습

콩그레스센터 내부 모습.

이 국내 언론에 공개된 것은 매우 제한적이었다.

다보스포럼 사무국에서는 2층을 미들레벨이라고 표현한다. 2층에는 사나다, 야콥스혼 등 총 8개의 세션 장이 몰려 있다. 세션 장의 이름은 다보스 주변 알프스 봉우리 이름들에서 따왔다.

아래층인 1층(로우어레벨)에는 2,000여 명을 수용할 수 있는 콩그레스홀이 있다. 주요 정상들의 연설이 진행되는 곳이다. 작년 박근혜 대통령이 강연한 곳도 콩그레스홀이다. 3층(프롬나드레벨)에는 아스펜1, 아스펜2 두 개의 강연장이 있다. 2층과 3층 사이에는 주요 파트너사들을 위한 미팅 공간이 마련돼 있다.

알프스를 녹인 취재 열기

다보스포럼은 전 세계 기자들이 가장 참여해 보고 싶어 하는 행사다. 평소라면 1년에 한 번 인터뷰를 할 수 있을까 싶은 거물들을 행사장에서 또 길거리에서 스스럼없이 만날 수 있기 때문이다. 이 때문에 다보스로 몰려

취재진에 둘러싸인 마테오 렌치 이탈리아 총리.

드는 미디어의 숫자가 날로 늘어나고 있다. 다보스포럼 사무국에 공식 등록된 미디어 취재진 숫자는 총 500명이다. 그러나 취재진 1명에 최소 1명 이상의 스태프가 따라붙는 게 현실이다. 여기에 기술 지원 스태프까지 포함하면 언론사에서 다보스를 찾는 사람의 숫자는 2,000~3,000명은 넘어설 것이란 게 일반적인 관측이다. CNN, CNBC 등 주요 외신들의 경우엔 50여 명 이상의 스태프를 파견한다. 취재원과 취재진은 넘쳐나지만 공간이 한정되어 있다 보니 어디서든 인터뷰가 이뤄진다. 길거리에 서서 인터뷰가 진행되는 것은 매우 편안한 취재에 속할 정도. 정식으로 인터뷰 약속을 잡아도 인터뷰 시간은 15분을 넘기기가 어렵다. 평소에는 곁에 접근하기도 힘든 국가 정상들을 즉석에서 취재할 수 있는 것도 다보스포럼이 아니면 보기 힘든 장면이다. 격정적인 연설로 다보스를 사로잡은 마테오 렌치 총리는 행사장 밖에서 취재진과 인터뷰를 벌이기도 했다. 경호원 2명만 대동한 채 찬바람이 부는 길바닥에서 취재진을 만난 렌치 총리는 특별연설 못지않은 열정으로 취재진을 사로잡았다.

PART
04

파괴적 기업의 DNA

Chapter 1

21세기형 파괴적 기업

에어비앤비Airbnb는 집주인과 여행객을 연결해 주는 비즈니스 플랫폼이다. 일정 기간 집을 비우는 집주인과 잠시 방이 필요한 여행객의 '니즈'를 동시에 충족시켜 주는 비즈니스 모델이다. 대표적인 공유경제형 비즈니스다. 2014년 기준 192개국, 3만 4,000여 도시에서 60만 건이 넘는 집과 방이 등록되어 있다. 2014년에는 4,700억 원의 투자를 유치하며 세계에서 가장 유망한 스타트업으로 평가됐다. 당시 평가된 기업가치는 하얏트호텔보다 높은 10조 8,000억 원에 달했다.

2008년 샌프란시스코에 살던 브라이언 체스키와 조 게비아가 디자인 콘퍼런스 참가자들에게 방을 빌려주면서 시작됐다. 비싼 호텔비 걱정을 덜게 된 이용자들의 호응이 좋자 이를 비즈니스 모델로 발전시켰다. 프로그래머 네이선 블레차르지크가 합류하면서 에어비앤비는 닻을 올렸다. 자신의 방이나 집을 홈페이지나 스마트폰 애플리케이션에 올리면 숙박이 필요한 이용자들이 호텔 등에 비해 훨씬 저렴한 비용으로 이

를 사용할 수 있다. 숙박 요금은 숙박을 제공하는 주인이 정하며 에어비
앤비는 숙박 예약을 중개해 주고 수수료를 받는 식이다. 네이선 블레차
르지크 에어비앤비 공동 창업자는 "많은 경우에 혁신적인 아이디어를
얻으려면 시장조사나 분석이 아닌 소비자들이 진정 원하는 것에 귀 기
울여야 한다"고 말했다.

21세기 기업은 기존 성공방정식을 따르는 전통적인 기업과 차별화를
통해 성공으로 나아간다. 빌 맥더멋 SAP CEO는 "소매업은 전통적으로
매장 판매를 통해 소비자들과 만나 왔다"며 "하지만 현대의 소매업은 오
프라인 매장에 의존하기보다는 모든 것을 디바이스의 눈으로 바라보며
이런 모델을 뒤엎는다"고 설명했다.

21세기형 모델은 혁신을 통해 성장한다. '비즈니스모델 혁신' 세션에
서 첸 펑 HNA그룹 회장은 "톱다운식 비즈니스는 더 이상 유효하지 않
다"며 "기업 내 혁신은 어느 곳으로부터도 가능해야 한다. 하지만 '기술

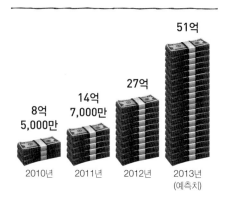

세계 공유경제 규모 (단위: 달러)

51억

27억

14억
7,000만

8억
5,000만

2010년　2011년　2012년　2013년
(예측치)

자료: 마스솔루션

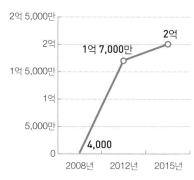

에어비앤비 매출 추이 (단위: 달러)

2억 5,000만

2억

1억 7,000만

2억

1억 5,000만

1억

5,000만

4,000

0

2008년　2012년　2015년

자료: 에스티마이즈

맹신주의'는 금기"라고 말했다. 프리츠 반 파센 스타우드호텔 사장은 "많은 CEO들이 그들 회사의 핵심 제품이나 서비스가 향후 3~5년 내에 사라질지도 모른다는 두려움을 가지고 있다"며 "혁신의 주역인 기술 발전을 마냥 반기지 않는 것도 그 때문"이라고 말했다. 존 비마이어 KPMG 회장은 "기술만이 혁신적인 비즈니스 모델은 아니다"며 "비즈니스 관행을 바꾸는 것만으로도 큰 성과를 낼 수 있다"고 말했다. 단지 유통 단계의 중간 과정을 없애고 소비자와 직거래를 통해 경쟁력을 끌어올리는 사례가 대표적이다.

21세기형 기업은 인력 운용에 있어서도 다양성이 필요하다. 기술 발전과 함께 기존 작업 방식에 익숙한 숙련된 노동자들과 신기술에 익숙한 젊은 노동자들이 모두 필요하다. 노동력의 다양성을 유지하는 게 리더가 할 일이다. 조나스 프리싱 맨파워그룹 CEO는 "자동화 기술의 발달은 많은 저숙련 노동자들을 유명무실하게 만들고 있다"며 "노동시장은 기술적인 지식을 가지고 있는 자와 없는 자로 양분되고 있다"고 지적했다.

철저한 현지화 역시 21세기 기업의 특징이다. 엘렌 쿨먼 듀폰 CEO는 "기술은 글로벌 단위에서 개발되지만 기술을 적용하는 것은 지역적인 단위에서 이뤄진다"고 말했다. 듀폰은 중앙집권화된 연구개발모델을 버리고 전 세계 주요 도시에 이노베이션 허브를 구축하고 있다. 현지 시장에 대한 접근성은 21세기 기업들이 고민하는 지속가능성의 주요 수단이다. 과거에는 기술 혁신이 외딴 연구실에서 이뤄졌다면 오늘날에는 엔지니어와 기업가들이 현지 시장과 소비자에게 더 밀착하는 과정에서 업그레이드되는 과정을 거친다.

Chapter 2

탈산업-초연결 기업

　자동차, 전자, 화학, 조선, 철강, 통신, IT 등으로 구분되던 전통적인 산업별 담장이 허물어지고 있다. 전자와 IT, 바이오와 IT, 자동차와 전자 등이 결합한 컨버전스가 확산되면서 산업별 '경계'는 모호해지고 있다. 다보스포럼 기간에 글로벌 컨설팅업체 프라이스워터하우스쿠퍼스 PwC가 발표한 설문조사 결과는 의미심장하다. 전 세계 77개국 1,322명의 CEO들을 대상으로 했다. 조사에 따르면 탈산업 경쟁이 일상화될 것이란 전망이 56%에 달했다. 최근 3년간 하나 이상의 새로운 산업에 진출하거나 고려했다는 응답이 54%에 달하는 것도 그 때문이다. 특히 절반 이상(56%)의 CEO들은 향후 3년 이내 경쟁자가 나타날 분야로 기술(32%), 소매·유통(19%), 통신 및 엔터테인먼트 미디어(16%) 등을 꼽았다. 데니스 낼리 PwC 회장은 "새로운 경쟁 구도에서 성공하려면 지금까지와는 완전히 다르게 생각하고 행동하는 방법을 찾아내야 한다"며 "비즈니스의 핵심에 새로운 기술을 접목해야 한다"고 지적했다.

향후 경쟁 업체가 부상할 산업

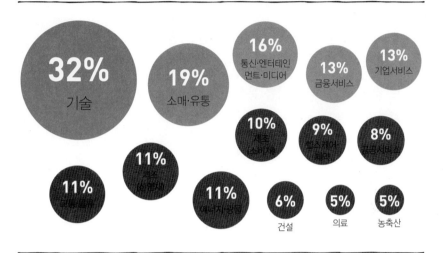

32%
기술

19%
소매·유통

16%
통신·엔터테인
먼트·미디어

13%
금융서비스

13%
기업서비스

10%
제조
소비재

9%
헬스케어·
제약

8%
공공서비스

11%
제조
(산업재)

11%
교통·물류

11%
에너지·광물

6%
건설

5%
의료

5%
농축산

자료: PwC

디지털 시대 가장 영향력 있는 기술

	모바일	**81%**		클라우드 컴퓨팅	**60%**
	데이터 분석	**80%**		배터리	**47%**
	사이버 보안	**78%**		로봇	**37%**
	인터넷	**65%**		웨어러블 컴퓨터	**33%**
	소셜미디어	**61%**		3D 프린팅	**27%**

자료: PwC

"클라우드 컴퓨팅, 모바일 기술, 로봇, 인공지능
은 그 하나하나가 산업을 바꿀 만한 기술이다.
더 많은 기기들이 네트워크로 연결되고 클라우
드 컴퓨팅으로 데이터를 통합하면서 전통적인
산업 간 경계는 희미해지고 있다."

안드레 쿠델스키 쿠델스키그룹 회장

자신의 분야에만 매몰되어 있다가는 동종업계는 물론 타업종 경쟁자
의 추격을 허용할지도 모른다는 경고다.

'초연결 기업' 세션에서도 초연결사회에 가속화되는 탈산업 현상은 기
업들의 생존 화두라는 데 공감대를 이뤘다. 안드레 쿠델스키 쿠델스키
그룹 회장은 "클라우드 컴퓨팅, 모바일 기술, 로봇, 인공지능은 그 하나
하나가 산업을 바꿀 만한 기술"이라며 "더 많은 기기들이 네트워크로 연
결되고 클라우드 컴퓨팅으로 데이터를 통합하면서 전통적인 산업 간 경
계는 희미해지고 있다"고 설명했다. 일례로 단순한 온도조절장치를 만
드는 회사가 이제는 소비자가 직접 스마트폰으로 실시간으로 온도를 조
절할 수 있는 네트워크 제품을 디자인할 수 있게 됐다. 랜달 스티븐슨
AT&T CEO는 "전 세계는 50억 개 휴대폰을 사용 중이고 그중 20억 개는

스마트폰"이라며 "스마트폰을 통해 네트워크로 연결된 기기들이나 서비스를 이용하는 기업들이 증가하고 있다"고 설명했다.

하지만 초연결사회에서 생존을 위해선 비용이 든다. 장 파스칼 트리쿠아 슈나이더일렉트릭 회장은 "빅데이터는 가격을 책정하고 소비자를 특정해 새로운 제품을 만드는 데 큰 도움이 된다"며 "하지만 전통적인 회사를 빅데이터 분석회사로 변신시키려면 기술 개발, 교육 훈련, 기업 문화 개선 등에 많은 투자가 필요하다"고 말했다. 미치 반스 닐슨 CEO는 "서비스가 연결되고 통합되면서 보안과 사생활보호가 갈수록 복잡해지고 있다"며 우려하기도 했다.

PwC 조사에 따르면 글로벌 기업들에 닥친 '새로운 세계 상황'은 불확실한 거시 변수뿐만이 아니다. 당장 눈앞에 놓인 경영상 난제들도 풀어내야 한다. 이번 조사에서 기업의 성장 전략으로 가장 많은 선택을 받은 것은 비용 절감(71%)이다. 뒤이어 전략적 제휴(51%), 아웃소싱(31%), 인수합병(23%) 순으로 나타났다. 그만큼 한 치 앞도 내다볼 수 없는 불확실한 경영 환경에서 마지막 선택지는 제 살을 깎거나, 남과 손을 잡는 길밖에 없다는 얘기다. 디지털 시대에 가장 영향력을 가진 기술로는 모바일 기술(81%)이 꼽혔다. 데이터 마이닝과 분석(80%), 사이버 보안(78%), 소셜미디어를 활용한 비즈니스(61%), 클라우드 컴퓨팅(60%) 등이 뒤를 이었다.

Chapter 3

플랜B, 플랜C, 플랜D 기업

기업의 성공과 실패는 동전의 양면과 같다. 작은 리스크로부터 비롯된 균열이 전체 기업을 휘청이게 만들 수도 있다. 성공 동력으로 확신하던 신기술이 되레 기업의 목줄을 죄는 부메랑으로 되돌아오기도 한다. 21세기형 혁신기업들도 조직 안팎의 리스크는 기업의 존망을 좌우하는 핵심 변수다. 전통의 산업군이 모호해지면서 리스크 매니지먼트도 업그레이드가 필요하다.

'위험한 비즈니스' 세션에선 기업을 위협하는 외부 리스크로 사이버 테러, 지정학적 위기, 자연재해 등을 꼽았다.

카를로스 모레이라 와이스키 회장은 "많은 기업들은 내외부의 위협을 무시하는 경향이 있는데 이런 근시안적인 시각은 위기의 악순환을 가져온다"며 "반대로 리스크 매니지먼트에 철저한 기업들은 큰 성공을 거둔다"고 말했다. 다니엘 글레이저 마쉬&맥라렌 사장은 "사이버보안 문제는 모든 기업들에 노출된 문제"라며 "지난 5년간 사이버테러는 진

문적인 해커들이 지적 자산을 **빼앗으려** 자행됐지만 지금은 해킹이 그 자체로 비즈니스가 됐다"고 지적했다. 주브릴 티투부 완도 사장은 "글로벌 지정학적 상황은 언제든지 폭력적인 상황으로 바뀔 수 있다"며 "비즈니스는 이런 지정학적 갈등 상황에 대처할 준비가 되어 있어야 한다"고 조언했다.

물론 더 큰 적은 내부에 있다. 크리스토퍼 나세타 힐튼 월드와이드 사장은 "많은 경우 기업의 존폐를 좌우할 만한 큰 위협은 조직 내에서 비롯된다"며 "불만을 가진 근로자가 데이터를 잘못 처리하거나 공급망에서 치명적인 실수를 범할 경우 기업 전체가 흔들릴 수 있다"고 지적했다. 나세타 사장은 "비즈니스 리더들이 모든 리스크를 해결할 능력이 없다는 걸 알아야 한다"며 "비즈니스에 위협을 가하는 리스크의 95%는 내부에서 통제될 수 있다"고 말했다. 모레이라 와이스키 회장은 "리스크 매니지먼트를 조직의 DNA로 내재화해 최악의 시나리오에도 대비해야 한다"고 주장했다.

리스크 매니지먼트가 조직의 직접적인 성패를 좌우한다면 기업의 신뢰도와 평판 관리는 조직의 지속가능성을 담보하는 핵심 요소다.

'기업 신뢰' 세션에선 기업, CEO, 고객 등 모든 이해관계자들과의 소통을 통한 신뢰 구축이 화두로 떠올랐다.

마이클 미한 GRIGlobal Reporting Initiative 사장은 "신뢰를 다시 세우는 일은 기업 내부에서 시작해야 한다"며 "기업문화가 가치지향적일 필요가 있고 행동 기준, 윤리 기준, 비즈니스 기준 등을 구축해야 한다"고 말했다. 특히 이런 기업 신뢰 기준을 해당 기업뿐만 아니라 납품업체, 고객들과도 공유하는 신뢰 구축 작업이 필요하다는 의견들이 제기됐다. 캐서린 가렛콕스 얼라이언스트러스트 CEO는 "신뢰는 기업 혼자 쌓는 게 아니라 상호관계 속에서 쌓인다"며 "특히 소비자와 지속적으로 좋은 관계를 유지하는 것이 기업의 평판에 긍정적인 영향을 미친다"고 지적했다.

특히 CEO 리더십은 기업의 신뢰 구축에 결정적인 변수다. 오기 파벨라 빔펠콤 창업자는 "기업문화를 발전시키는 것은 CEO의 리더십"이라며 "CEO는 주주, 종업원, 고객 등을 포함한 모든 이해관계자들과 함께 투명성을 확보함으로써 기업의 신뢰를 다시 세우는 역할을 해야 한다"고 말했다. 에드아르도 라이트 베이커&맥킨지 회장은 "사회공헌활동도 기업의 신뢰를 구축하는 데 큰 기여를 한다"며 "이 과정에서 CEO들은 단순히 돈을 투자하는 데 그쳐선 안 되고 시간을 투자하는 데 적극적으로 나서야 한다"고 지적했다.

제임스 스미스 톰슨로이터 사장은 "커뮤니케이션은 신뢰의 중요한 부분"이라며 "기업의 평판에 부정적인 사건이 터졌을 경우에는 신속한 자기 고백으로 공공의 신뢰를 회복해야 한다"고 말했다.

에너지 지정학

유가는 어디까지 떨어질까. 한때 배럴당 100달러를 훌쩍 넘던 유가가 바닥을 모르고 추락하면서 전 세계는 패닉에 빠졌다. 산유국, 비산유국 할 것 없이 그 이해득실을 따지느라 분주하다. 사우디아라비아를 중심으로 한 전통 산유국들과 셰일가스를 업은 미국, 또 러시아까지 합세한 '에너지 지정학'은 전 세계를 뒤흔드는 리스크로 부상했다.

다보스포럼에서도 참석자들의 관심은 온통 유가의 향방에 쏠렸다. '새로운 에너지 상황' 세션에서는 유가 전망을 두고 의견이 분분했다. 유가는 하락하고 에너지 효율은 증가하면서 장기적으로 수요 감소는 불가피하다는 의견이 있는 반면 에너지 수요는 주기적인 현상이기 때문에 유가와 원유 수요는 결국 다시 회복될 것이라는 전망도 제기됐다.

패트릭 푸야네 토탈 CEO는 "적어도 21세기 중반까지는 전 세계 에너지의 주된 원천은 탄화수소일 것"이라며 "인구가 계속 증가하기 때문에 총 에너지 수요는 증가할 것"이라고 전망했다.

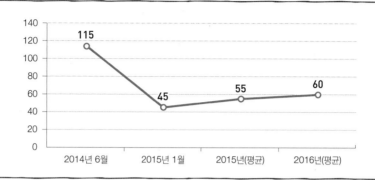

국제유가 전망 (단위: 달러)

```
140
120        115
100         ○
 80                                    55      60
 60                    45              ○       ○
 40                     ○
 20
  0
      2014년 6월   2015년 1월   2015년(평균)  2016년(평균)
```

* 브랜트유 기준   자료: IEA

에너지 산업은 여전히 유망하다는 게 참석자들의 공통된 주장이다.

이그나시오 갈란 이베르드롤라 사장은 "전 세계 13억 명의 인구는 아직 전기의 혜택을 받지 못하고 있다"며 "향후 수십 년간 수조 달러의 투자비가 필요하다"고 말했다.

선진국에선 에너지 인프라가 노후했기 때문에 이를 개선하는 데도 막대한 비용이 필요하다. 알렉스 몰리나롤리 존슨콘트롤 사장은 "소비자들은 전기차를 원하는 게 아니고 에너지 효율이 높은 차를 원하는 것"이라며 "내연기관은 사라지는 게 아니라 더 효율적으로 바뀔 것"이라고 말했다.

산유국 중 하나인 이라크는 막대한 석유, 가스 매장량에도 아직 충분한 생산량을 확보하지 못하고 있다. 로쉬 누리 샤웨이 이라크 부총리는

"유가 하락으로 인한 재정 감소분을 만회하기 위해 올해 생산량을 증강할 계획"이라고 밝혔다. 샤웨이 부총리는 또 "이라크 석유와 가스 산업은 새로운 인프라가 필요하다"며 "국제사회의 도움이 필요하다"고 요청했다.

울리히 스피스호퍼 ABB 사장은 "현재 인류가 해결해야 할 가장 큰 문제는 환경오염 없이 경제 성장을 이루는 것"이라며 "석유와 석탄에 대한 보조금을 없애야 한다"고 주장했다.

저유가 후폭풍은 지정학과 결합하며 풀기 어려운 고차원방정식으로 진화하고 있다. 그 방향에 따라 한 국가는 물론 글로벌 경제에 직격탄이 되기 때문에 이해당사국들은 사활을 걸고 '에너지 전쟁'도 불사할 태세다. '에너지 지경학' 세션에선 이 같은 갈등을 둘러싼 각국의 이해관계가 고스란히 드러났다.

국제에너지기구IEA에 따르면 결국 모든 사태의 발단은 유가 하락이다. 결국 과잉 공급과 수요 감소가 원인이다. 특히 유로존과 일본 등이 불황의 늪에서 헤어나지 못하면서 크게 꺾인 글로벌 성장세가 에너지 수요에 직격탄이 됐다. 중국 역시 고성장을 멈추고 경착륙 우려마저 제기되고 있다. 파티 비롤 IEA 수석 이코노미스트는 "운송 수단의 연료 효율이 크게 향상되고 있는 것도 유가 하락을 부추기는 요인"이라며 "에너지 효율의 비약적인 발전은 원유 수요를 지속적으로 감소시키는 구조적인 원인"이라고 설명했다.

"셰일오일이 큰 성공을 거둘 것이라는 데 이견은 없지만 에너지 산업이 기후변화에 대응하기 위해선 앞으로 혁신에 투자하는 노력을 소홀히 해선 안 된다."

칼리드 알팔리 사우디아람코 CEO

　유가 하락의 최대 피해자로 지목받고 있는 러시아는 오히려 이를 기회로 반전시키고 있다고 주장했다. 아카디 드보코비치 러시아 부총리는 "러시아를 저유가의 패자라고 부르지 말라"며 "저유가로 러시아 체질 개선이 가능해졌다"고 자신감을 내비쳤다. 드보코비치 부총리는 "수요 감소에 맞서 아시아·태평양 지역으로 수출선을 다변화하고 있다"며 "중국 등지에 오일과 가스를 수출하는 계약을 잇따라 체결하고 있다"고 말했다. 그는 "가스 수요는 계속 성장세를 보일 것"이라고 전망했다.

　반면 달리아 그리바우스카이테 리투아니아 대통령은 "셰일오일 혁명은 에너지 판도를 바꿀 것"이라며 "기존 원유, 가스 파이프라인만 고수하는 나라는 더 이상 성장할 수 없을 것"이라고 경고했다. 칼리드 알팔리 사우디아람코 CEO는 "셰일오일이 큰 성공을 거둘 것이라는 데 이견은 없다"면서도 "에너지 산업이 기후변화에 대응하기 위해선 앞으로 혁신에 투자하는 노력을 소홀히 해선 안 된다"고 말했다.

압둘라 알 바드리 OPEC 사무총장이 다보스포럼에서 연설하고 있다.　　　　　　사진: 블룸버그

　　압둘라 알 바드리 석유수출국기구OPEC 사무총장은 다보스포럼 기간 중 블룸버그통신과의 인터뷰에서 "국제 유가는 배럴당 20달러나 25달러 선으로 내려가진 않을 것"이라며 "국제 유가는 지금 현재 가격 수준을 유지하다가 반등할 것"이라고 말했다. OPEC이 2014년 11월 감산을 거부하면서 국제유가는 이후 약 60% 가량 급락했고 2015년 1월에는 2009년 수준인 배럴당 45달러까지 떨어졌다. 알 바드리 사무총장은 "유가가 하락할 때는 매우 빠르게 떨어지고 상승 속도는 매우 더딘 경우를 몇 번 경험했다"며 "유가는 결국 회복될 것"이라고 강조했다.

　　알 바드리 사무총장은 과잉 공급에 따른 유가 하락 책임을 OPEC 비회원국들에게 돌렸다. 그는 "지난 10년간 OPEC의 생산량은 큰 변화가 없는 가운데 비회원국들은 생산량을 급속도로 늘려 왔기 때문에 OPEC 비회원국들이 먼저 감산에 나서야 한다"고 주장했다.

그는 "모두가 OPEC에 감산을 요구하지만 OPEC의 원유 생산 비용이 높은지 아닌지를 먼저 묻고 싶다"며 "더 낮은 비용으로 원유를 생산하고 그 다음에 더 높은 비용으로 생산하는 것이 맞다"고 말했다. 그는 "OPEC이 생산량을 축소할 경우 비회원국들이 생산량을 늘리게 되며 이는 다시 OPEC에 추가 감산 압력을 가해 시장점유율 축소를 불러오게 될 것"이라고 설명했다.

"글로벌 임밸런스 해법은 포트폴리오 경영"

　연 매출 1,349억 달러(약 147조 5,000억 원). 전 세계 비상장사 중 최대 기업이

다. 창업 가문이 보유한 재산만 무려 43조 원. 미국에서 네 번째로 돈이 많은 가문이

다. '전 세계 밥상의 지배자'로 불리는 카길이다. 전 세계 농산물 및 식품, 작물, 원자

재 무역 등에서 카길의 점유율은 40%를 넘는다. 인공위성 정보를 활용해 전 세계 주

요 곡창지대를 매일 점검할 정도다. 그야말로 식량업계의 큰손 중의 큰손이다. 한국

과도 뗄 수 없는 인연이다. 이미 국내 곡물 수입 시장의 60%를 장악하고 있다. 또 충

남 당진에 세계 최대 규모의 사료 공장을 짓고 있다. 매일경제는 다보스포럼에 참석

한 데이비드 맥라렌 CEO를 만나 식량산업의 현재와 미래를 들었다. 지난 1991년 입사해 2013년 수장에 오른 데이비드 맥라렌 CEO는 9대 CEO다. 카길 CEO의 평균 재임 기간은 무려 17년이다.

대담은 장승준 매경미디어그룹 부사장이 진행했다.

Q 농업기업으로 카길이 성장할 수 있는 원동력은 무엇인가?

일찍부터 미국 밖의 시장에 관심을 가져 왔다는 것이다. 한국에선 이미 1950~1960년대부터 사업을 시작했다. 남미에도 관심을 가져 왔고 아르헨티나, 브라질은 이제 카길 농업 부문의 양대 축이 됐다. 그 당시만 해도 해외에 관심을 기울인 업체들은 별로 없었다. 카길 성장의 원동력은 새로운 신흥시장에 진출하는 것을 꺼리지 않고 리스크를 두려워하지 않는다는 것이다. 현재는 동남아시아와 아프리카 시장에서 농업과 식량사업을 진행하고 있다. 카길의 미래는 이런 곳들에 달려 있다.

Q 올해 경제에 대한 전망은 어떠한가? 또 가장 중요한 변수는 무엇이라고 생각하나?

무슨 일이 일어날지 모르는 변동성의 시대다. 변동성이란 건 더 짧은 주기와 짧은 파동으로 오고간다는 얘기다. 현재 미국 경제는 아주 강하고, 유럽 경제와 석유에 의존하는 러시아나 베네수엘라, 나이지리아 경제는 저유가로 고통을 받고 있다. 하지만 카길은 다양한 회사를 소유하고 있다는 강점이 있다. 여러 경제 상황을 가지고 있는 것과 마찬가지다. 미국 경제가 강하면 거기서 이득을 얻을 수 있고 설령 유럽 경제가 침체되더라도 다양한 지역, 다양한 산업이라는 포트폴리오로 대처할 수 있다. 그 때문에 지역별 불균형 성장 속에서도 카길이 성장할 수 있는 것이다.

Q 카길은 많은 분야에서 혁신을 해 왔다. 최근의 혁신 사례를 소개해 달라.

카길의 사업 영역에서 흥미로운 혁신은 모든 영역에서 농산품을 이용한다는 것이다. 콩으로 만든 기름은 물론 도로를 만드는 아스팔트에 석유로 만든 제품 대신에 콩으로 만든 천연바인더를 사용하는 식이다. 더 안전하고 더 오래 지속되는 재생자원인 것이다. 농산품은 음식물인 동시에 산업 제품에 사용되는 자원이다. 단순히 음식으로서만이 아니라 여러 산업에서 다양한 맞춤형 솔루션을 제공한다.

Q 향후 한국에서 추가로 비즈니스를 진행할 것인가?

카길은 전 세계에서 가장 큰 식량기업 중 하나다. 이미 한국에서 훌륭한 비즈니스를 하고 있다. 우선 충남 당진에 만든 새로운 시설을 잘 운영할 것이다. 농민 훈련, 농업 교육 등을 통해 시설의 유지와 활용에도 적극 나설 계획이다. 당장은 한국에 대한 추가 투자 계획은 없지만 한국에서 더 많은 비즈니스 기회를 찾을 것이다.

Q 150여 년간 카길이 지속 성장할 수 있었던 비결은 무엇인가?

카길&맥밀런 가문이 보유한 가족기업으로서 당장 다음 분기, 내년의 수익이 아니라 10년 후를 내다보는 장기적 시각을 가지고 있다. 이 때문에 2008년 금융 위기와 같은 위기에도 인내심을 갖고 기다릴 수 있었다. 주주들의 압박도 적고 가문의 자금이 회사에 재투자되는 장점도 있다. 전 세계 67개국에 네트워크를 보유하고 있어 다양한 문화와 다양한 경제 상황이 공존하기 때문에 회사 운영의 표준과 핵심 원칙을 세우는 데 심혈을 기울이는 것도 강점이다.

Q 가족기업으로서 카길의 경쟁력은 무엇인가?

카길&맥밀런 가문은 경영진과 창조적이고 건강한 업무 관계를 유지한다. 가문의 일원이 아닌 경영진들의 경영에 신뢰를 갖고 지켜봐 준다. 그들은 카길 경영에 관심도, 기술도, 경험도 없다고 말한다. 그들은 단지 가문의 일원이라고 해서 경영진에게 어떤 것도 강요하지 않는다. 다른 가족기업들과 달리 카길은 업무 분담이 확실하다. 전문성을 갖춘 경영진이 회사를 운영하고 가문은 회사를 관리할 뿐이다.

Q 몸에 좋은 음식은 대체로 맛이 없다.

몸에도 좋고 먹기도 좋고 칼로리도 낮은 음식은 없을까?

몸에 좋은 음식도 맛이 좋다(웃음). 연구개발 부서에서 보다 발전된 식량 제조 기술을 통해 어떻게 영양가 있고 몸에 좋고 칼로리는 낮고 맛도 좋은 음식을 만들 수 있을까 연구하고 있다. 그런 혁신적인 제품을 만드는 게 우리 같은 기업이 할 일이다.

"한국 노동 시장 터프하다"

"한국의 노동 시장은 여전히 세고, 협상은 매우 터프하다."

다보스포럼에서 만난 카를로스 곤 르노닛산 얼라이언스 회장은 한국 시장을 평가해 달라는 질문에 대뜸 노조 문제부터 꼬집었다. 곤 회장은 "어느 지역에서든 노동 비용은 증가하고 있다"며 "문제는 상대적인 속도"라고 말했다. 생산성에 못 미치는 노동 비용은 국내 자동차업계의 경쟁력을 갉아먹는 대표적인 주범이다. 다만 곤 회장은 한국만의 노사관계를 어느 정도 이해하는 유연함도 필요하다고 강조했다. 곤 회장은 "중요한 것은 이렇게 어려운 상황에서도 협상이 시작되면 결국 결론을 이끌어 낸다는 것"이라며 "한국의 노동 시장 시스템을 이해한다"고 설명했다.

곤 회장은 지난 2000년 닛산 사장에 오른 뒤 과감한 구조조정으로 닛산의 재건을 진두지휘하며 강력한 리더십을 인정받고 있다. 적자투성이였던 닛산은 이듬해 곧바로 흑자로 돌아서며 곤 회장의 비용 절감 전략이 업계에 화제가 되기도 했다. 곤 회장은 2005년부터 르노닛산 얼라이언스를 이끌고 있다. 르노닛산은 도요타, GM, 폭스바겐에 이어 글로벌 톱4 자동차업체다.

Q 자율주행차, 무인자동차가 자동차업계 화두다. 향후 시장 전망은 어떤가?

자율주행차는 수년 내에 상용화되겠지만 무인차는 상당 기간이 더 필요하다. 르노닛산은 자율주행 전기차 '넥스트 투NEXT TWO'의 콘셉트를 기반으로 협력 업체들과 자율주행차량과 커넥티드차량을 개발하고 있다. 자율주행차량 상용화가 속도를 내려면 인프라 구축을 위한 법규 정비도 필요하다.

Q 테슬라와 구글이 전기차, 자율주행차를 선보이며 기존 자동차업체를 위협하고 있는데 이에 대해 어떻게 생각하는가?

테슬라와 구글이 기존 자동차업체들을 위협할 것이란 주장에 동의하지 않는다. 자동차산업은 엔지니어링, 디자인, 제조를 총망라한 매우 복잡하면서도 기술집약적인 산업이다. 구글이 좀 더 무인차량 개발에 다가서고 생산성을 개선할 여지는 있지만 자동차업체들의 경쟁력을 넘어서진 못할 것이다.

Q 전기차 시장에서 강점을 보이고 있는데 향후 전략은 무엇인가?

르노닛산은 지금까지 21만 7,000대 이상의 전기차를 판매한 친환경차 1등 전략을
이어갈 계획이다. 르노닛산은 현재 전 세계 전기차 판매량의 58%를 점유한 1위 업
체이고 앞으로도 시장을 선도해 나갈 것이다. 다만 미흡한 인프라 개선이 필요하다.
충전 설비가 확충될수록 전기차 수요도 함께 증가할 것이다.

Q 유럽 경제가 침체에서 벗어나지 못하고 있는데 이에 대한 전망은 무엇인가?

유로존의 회복은 아직까지 더디지만 2015년부터 꾸준한 성장을 기대하게 하는 몇
가지 요인들이 있다. 저유가로 가계 소비가 되살아날 것이고 노동 시장도 개선 조짐
이 있다. 유로화 약세에 힘입어 수출업체들의 수익성도 좋아지고 있는데 모두 고무적
인 징조다. 2014년 르노의 유럽 매출도 시장 평균 성장률의 2배인 12.5% 성장하며
저성장 시장에서도 성공할 수 있다는 것을 보여줬다.

Q 한국을 비롯한 아시아 태평양 시장에 대한 전망은 무엇인가?

아시아 태평양 지역이 향후 수년 내 르노의 주요 성장 지역으로 자리매김할 것이다.
인도 시장에서는 시장점유율 5% 달성을 목표로 설정했다. 중국에서는 동펑과 조인
트 벤처를 통해 시장에 진입할 계획이다. 한국 르노삼성자동차의 역할도 중요하다.
차기 글로벌 차량 모델 개발과 세단 전기차 수출의 핵심 기지로 활용할 예정이다.

Q 미국과 중국 시장에 대한 전망은 어떠한가?

두 시장 모두 낙관적으로 보고 있다. 닛산은 2014년 미국 시장에서 140만 대를 판매하며 기록적인 한 해를 보냈다. 중국에서는 닛산이 일본 자동차 브랜드 중 1위를 기록했다. 미국과 중국은 전 세계 양대 자동차 시장이다. 중국에서의 경쟁은 더욱 거세지고 있지만 성장의 기회는 아직도 많다. 르노는 최근 닛산에 이어 중국 시장에 진입했다. 르노는 2016년부터 중국에서 본격적으로 자동차를 생산할 계획이다.

Q 현대-기아차가 르노닛산의 글로벌 자동차 매출 4위 자리를 위협하고 있다.

르노닛산은 4위 자리에 머물러 있지 않을 것이다. 장기적으로 글로벌 톱3 자동차 회사로 진입할 자원과 전략을 갖추고 있다. 르노 역시 유럽과 주요 신흥시장에서의 입지를 더욱 강화할 계획이다.

Q 올해 글로벌 경제를 위협할 가장 큰 리스크는 무엇이라고 생각하나?

성장 동력을 유지하는 것이다. 성장이 미진하면 공공정책에 영향을 미치고 순차적으로 비즈니스 환경에 악영향을 끼쳐 일자리도 타격을 받게 된다. 지난 십여 년간 글로벌 성장의 주요 동력이던 브릭스BRICS의 성장이 둔화된 것도 큰 요인이다. 유럽 경제의 회복 속도도 더디다.

알바 중의 알바 다보스 운전기사

독일 브레멘에 사는 마티아스 베넨 씨는 다보스포럼 기간 중 회사에 휴가를 내고 다보스를 찾았다. 운전기사 자리를 구했기 때문이다.

독일 관세청이라는 번듯한 직장을 놔두고 비행기, 열차 등을 갈아타고 6시간이나 걸리는 다보스까지 온 것은 운전기사 보수가 워낙 좋기 때문.

운전기사 알바를 위해 다보스를 찾은 베넨 씨.

친구들에게 보수가 상당하다는 얘기를 듣고 이력서를 낸 후 무려 3년을 기다린 일이다. 그는 "다보스포럼 기사는 시간당 30프랑(약 3만 6,000원)을 받을 수 있어 다들 하고 싶어 한다"며 "빈자리가 생길 때까지 다들 몇 년은 기다린다"고 덧붙였다.

그는 또 "올해는 스위스 프랑 환율까지 뛰었다"며 연방 싱글벙글이었다. 그는 "급여가 나오는 3~4주 뒤엔 프랑이 더 뛰어 있을 것"이라며 "한 달 치 월급을 한 주 동안 벌었다"고 말했다.

다보스포럼은 참석자가 2,500명에 달한다. 해외에서 오는 사람들이 대부분이다 보니 이 기간에 차량 렌트, 운전기사 수요가 폭증한다. 베넨 씨는 "다보스포럼 기간 중에만 일하는 운전기사가 1,500명에 달한다"고 설명했다. 정상이 참여하는 경우도 많다 보니 대량 수요도 적지 않다. 올해는 중국 대표단이 200대의 차량을 주문해 화제가 되기도 했다. 차량과 운전기사가 필요한 대부분의 참석자들이 포럼 사무국을 통해 예약을 하기 때문에 인증된 업체가 아니면 일거리를 따는 게 사실상 불가능하다.

가격은 만만치 않다. 이용객이 가장 많은 다보스~취리히공항은 157㎞ 구간에 보통

1,000프랑(약 120만 원) 정도를 받는다. 서울에서 대전까지 거리쯤 된다.

업체들 역시 주요 인사들이 타는 데다 가격 역시 높게 책정되는 터라 최상의 서비스를 준비한다.

통상 다보스포럼 기간 중에 대여하는 차량은 공장에서 바로 공수된 것이다. 베넨 씨가 처음 차량을 배정받았을 때 주행거리는 20㎞에 불과했다. 베넨 씨가 속한 유로카 측은 "다보스포럼에 맞춰 신차를 독일에서 가져온다"며 "포럼이 끝나면 함부르크로 보내 독일 전역 렌터카 업체들에 판매하게 된다"고 설명했다.

다보스의 이색 행사

다보스포럼 기간 중 다보스 시내 한편에서는 이색 이벤트가 벌어졌다. '눈사람 만들기' 이벤트다. 전 세계 193개국을 상징하는 눈사람은 개별 국가 국기와 해당 국가의 정상에게 바라는 메시지를 들고 서 있다. 포럼 참석자들은 이들 눈사람과 함께 사진을 찍어서 이를 SNS로 공유하면 된다. 포럼 행사 중 바쁜 일정을 소화하고 있는 거물급 인사들은 물론 각국 취재진, 관람객 등 참석자들은 자국 국기를 찾아 사진을 찍기에 여념이 없었다.

'눈사람 만들기' 이벤트.

PART
05

기술의 역습

Chapter 1

기술 발달의 양면성

"올해 다보스에서 나는 처음으로 기술의 힘과 기술기업들의 태도에 대한 반발의 목소리를 들었다. 이는 다양한 형태로 부각되고 있다. 첫째 는 사생활, 개인정보 보호다. 이미 각국에서 현실로 다가온 일이다. 두 번째는 과연 기술기업들이 적절한 세금을 내고 있는가에 대한 불만들 이 제기되고 있다. 아일랜드 등에서 세금을 피하는 것에 대한 반감이 커 졌음을 느낄 수 있었다. 세 번째는 기술이 앞으로 일자리를 빼앗아 불평 등을 심화시키는 것은 아닐까 하는 불안감이다. 네 번째는 기술기업들 이 정부 규제를 가볍게 여기는 경향이 커지고 있으며 이를 비판하는 언 론의 목소리도 커지고 있다는 것이다."

리처드 에델만 에델만 CEO의 얘기다. 기술이 과연 사회적 규범을 제 대로 따르고 있는지에 대한 의문이 커지고 있다는 것이다. 〈파이낸셜타 임스〉의 칼럼니스트인 리처드 워터스는 다보스포럼이 끝난 직후에 〈기 술기업에게 신권divine right이 있지 않다〉는 제목의 칼럼을 통해 기술기업

"사생활 침해, 조세 회피, 일자리 감소, 규제 불이행 등 기술 발전에 따른 새로운 우려들이 다보스에 등장했다."

리처드 에델만 에델만 CEO

들이 정부와 법체계를 우습게 아는 경향이 있다며 강도 높게 비판했다.

에델만 CEO의 말대로 다보스포럼에서 지금까지 기술 발전의 긍정적인 면을 높게 평가해 왔다. 물론 올해도 기술에 대한 중시는 여전했다. 전 세계 주요 대학과 연계해 각종 기술을 선보이는 다양한 세션들이 마련됐고 기술의 미래에 대한 찬사가 이어졌다.

다보스포럼 사무국에서는 올해 주제인 '새로운 세계 상황'을 설명하면서도 정치, 경제, 사회의 변화 등과 더불어 기술 발전을 2015년을 변화시키는 새로운 힘의 한 축으로 설명했다.

그러나 올해는 미묘한 분위기 변화가 감지됐다.

기술의 역습에 대한 염려가 늘어난 것. 기술 발전과 함께 기술의 부작용을 논의하는 세션이 많아지는 것도 이런 맥락에서다. 기술의 역습을 걱정하는 목소리가 커지는 것은 기술의 발달이 인간이 이해할 수 있는 영역을 넘어선 수준에서 진행되면서 점차 걱정도 비례해서 커지기 때문이다. 또 인간의 개입이 없이도 이뤄지는, 기계가 결정하고 기계가 움직이는 기술이 매우 제한적인 영역에서만 나타났지만 이제는 실생활에서 100% 기계에 의한 일들이 늘고 있다.

이와 함께 어떤 기술이 나타날지 모르는 상황도 막연한 불안감을 키우고 있다. 대표적인 것이 기술 발진으로 인해 내 일자리가 사라지는 것은 아닌지, 기술에 의지하는 일이 많아지면서 주도권이 인간이 아닌 기계로 넘어가는 것은 아닌지 등에 대한 염려.

일부에서는 지금 기술기업들의 행보가 불안감을 키우고 있다는 말도 나온다. 기술기업들이 2008년 금융 위기 이전의 금융업과 비슷하다는 얘기다.

2007년까지만 하더라도 금융산업은 새로운 시대를 열어갈 것이란 기대감이 컸다. 금융산업에 최고의 인재들이 몰렸다. 하지만 전문가들에 의해서 만들어진 혁신적인 제품을 대부분의 일반인들이 이해하지 못했다. 또 혁신적인 상품들로 더 많은 소비자들에게 혜택을 제공하기 위해서는 지금 현재의 제도 등이 너무 낡았고 당장 개정이 필요하다는 것이 2007년 금융과 2015년 기술기업의 공통 주장이다. 또 금융산업의 이러한 특징은 결국 이듬해 위기를 잉태하는 씨앗이 되었다는 것이 2015년 현재의 판단이다.

이는 극과 극으로 갈리는 기술기업과 금융업에 대한 신뢰도에서도 확인된다.

2015년 초 에델만이 전 세계에서 실시한 설문조사에서 기술기업에 대한 신뢰도는 78%에 달했다. 같은 조사에서 금융산업을 신뢰한다는 목소리는 53%로 미디어(51%)에 이어 꼴찌에서 두 번째를 기록했다. 기술기업을 신뢰한다는 의견은 전체 대상 국가의 70%에서 전년에 비해서 적었다. 지난해 실시된 동일한 조사에서 기술기업을 신뢰한다는 의견은 80%였다.

그러나 아직까지 걱정의 목소리는 크지 않다. 기술 발전의 긍정적 효과에 집중하자는 목소리에 묻히고 있기 때문이다. 다보스에 모인 사람들의 대다수가 극한 상황을 걱정하지 않을 사람들이라 한가하게 기술의 역습을 염려한다는 비판도 나왔다. 극한 상황에서는 기술의 활용이 생명줄이나 다름없다는 것. 실제로 여전히 인터넷에 접속이 가능한 인구는 전체 70억 인구 중에서 20억 명에 머물러 있다.

글로벌 IT기업 경영자가 대거 참여한 '디지털 경제의 미래' 세션에서는 기술에 대한 긍정론이 넘쳐 났다. 이 세션에는 에릭 슈미트 구글 회장을 비롯해 사티아 나델라 마이크로소프트 CEO, 셰릴 샌드버그 페이스북 COO, 비토리오 콜라오 보다폰 CEO 등이 참석했다. 글로벌 IT업계에서 인지도 면에서 둘째가라면 서러운 인물들로 구성된 호화 패널들은 기술이 양극화 문제의 해법이 될 수 있다고 역설했다.

흥미로운 사례를 들고 나온 사람은 보다폰의 콜라오 CEO. 보다폰이 인도의 시골 마을에 데이터통신망 구축을 위한 통신탑을 세운 것을 예

'디지털 경제의 미래' 세션에 참여한 셰릴 샌드버그 페이스북 COO, 에릭 슈미트 구글 회장, 사티아 나델라 마이크로소프트 CEO가 토론을 벌이고 있다.

사진: 블룸버그

로 들었다. 보다폰은 전 세계에서 4억 명 이상이 가입한 세계 2위 통신업체다. 회사 경영진을 비롯해 실무진은 스마트폰 보급도 잘 되지 않은 이 마을에서 통신탑이 제 구실을 하기에는 수년의 시간이 필요할 것으로 봤다. 그러나 8개월 만에 보다폰 임직원의 생각은 완전히 바뀌었다. 이 통신탑의 데이터 사용량이 수익성이 좋은 도시 지역 통신탑에 결코 뒤지지 않았기 때문이다. 과연 어떤 일이 벌어진 것일까?

통신탑 주변으로 사람들이 몰려들었다. 스마트폰 등을 활용해 본 사람들 사이에 입소문이 나면서 돈을 아끼고 아껴 스마트폰을 사는 사람이 늘었다. 멀리 떨어진 지역에서도 주파수가 닿는 곳까지 장거리 원정을 마다하지 않았다.

콜라오 CEO는 "기술에 대한 사전 지식이나 경험, 교육 여부는 중요하지 않았다"고 말한다. "데이터 통신이 사람들의 생활을 송두리째 바꿀 수 있음을 직관적으로 다들 배운 것"이라는 게 콜라오 CEO와 보다폰의 경험이다. 발달된 통신 기술에 대한 갈증이 얼마나 큰지를 단적으로 보여 주는 사례다.

아프리카 저개발국에서 핸드폰 보유 여부에 따라 소득이 달라진 사례 등은 이제 누구나 알 정도다. 최근 출시되는 스마트폰이 아폴로 우주선에 탑재된 것보다 더 고성능이다. 스마트폰 하나로 인해 삶의 변화 가능성 역시 높아지고 있지만 아직도 50억 명의 인류는 인터넷이란 세상을 경험하지 못했다. 슈미트 회장은 "인터넷을 통해서 세상의 대부분의 문제들이 해결된다"며 "네트워크 연결까지만 해 준다면 나머지는 이용자들이 다 알아서 할 것"이라고 설명했다.

샌드버그 COO는 한국의 앱 개발자를 예로 들어 디지털 시대의 강점을 설명했다. 그는 "로스쿨을 다니던 학생이 호텔 가격 비교 앱을 만들어 지금은 직원 8명을 두고 해외 진출까지 추진하고 있다"며 디지털 시대가 누구에게나 성공의 기회를 준다고 강조했다. 샌드버그 COO가 언급한

"SNS는 권력자에서 힘없는 대중에게로 힘의 이동이라는 역사적 전환을 가져오고 있다."

셰릴 샌드버그 페이스북 COO

인물은 호텔나우의 김가영 대표다. 나델라 CEO는 "IT 기술자 한 명 없는 아프리카 은행에서도 아이슬란드 은행의 금융 시스템을 빌려 쓸 수 있는 시대가 됐다"며 디지털 기술의 파격적인 생산성 향상과 비용 절감이 가능해졌다고 설명했다. 나델라 CEO는 중국에서 돼지를 사육하는 농부가 스마트폰을 이용해 수익을 비약적으로 늘린 사례를 소개하기도 했다.

패널들이 쏟아 내는 디지털 경제의 강점은 끝이 없었다.

'기술직 1명의 일자리가 생길 때마다 비기술직 5~6명의 일자리가 창출된다(슈미트 회장)', '소수자들이 자신의 목소리를 낼 수 있는 채널이 생긴다(샌드버그 COO)', '사회적 약자 등이 더 쉽게 시스템을 갖출 수 있는 포용적 성장을 위한 기틀이 마련된다(나델라 CEO)' 등이 대표적인 것이었다.

사례는 다른 세션에서도 넘쳐 났다. '디지털 컨텍스트' 세션에 참여한 리우지롄 중국 뉴소프트 CEO는 네트워크를 통해서 의료 격차를 해소한 사례를 소개했다. 중국에선 의료 기술이 뛰어난 의사가 대도시에 집중되어 있으며 이 때문에 지방에 사는 사람들에겐 의료 격차가 발생할 수밖에 없는 구조라고 했다. 이를 해결하기 위해 뉴소프트는 대도시에 근무하는 의사와 시골 의사를 연결하는 플랫폼을 만들었다고 소개했다. 현재 플랫폼을 통해 200명의 대형병원 의사와 1만 명의 시골 의사들이 교류를 하고 있다고 한다.

슈미트 회장은 "결국 관건은 최저의 비용으로 최대의 사람들에게 영향을 미치는 것"이라고 강조했다. 70억 인구 중 50억 명은 인터넷을 사용할 수 있도록 문제를 해결하는 방법도 스스로 찾고 있다고 밝혔다.

다만 '어떻게'에 대해서는 참석자 간 의견이 엇갈렸다. 샌드버그 COO는 무료 인터넷 등을 제안했지만 콜라오 CEO는 "막대한 인프라 구축 비용을 어떻게 해결할 것"이냐고 반박했다.

다양한 아이디어 중 패널리스트 모두가 관심을 보인 것은 TV 주파수 대역 중 비어 있는 공간을 뜻하는 '화이트 스페이스white space'를 이용하자는 나델라 CEO의 설명이었다.

나델라 CEO는 또 인터넷 확산을 위한 3가지 조건을 제시해 눈길을 끌었다. 그가 제시한 조건은 '인터넷 활용에 대한 기대감 확산', '적법한 인터넷 활용', '특정 조직과 세력에 의해 인터넷 활용에 제약을 받지 않는 것'이다.

나델라 CEO의 지적처럼 인터넷 세상에 대한 통제는 주요 논의 대상이다. 슈미트 회장은 북한을 예로 들어 설명했다. 그는 "북한은 약 100개의 IP주소가 허용돼 인터넷을 사용할 수 있지만 대학생은 다른 학생이 감시하는 상태에서 이용할 수 있고 대학원생은 사실상 검열을 당할 것으로 생각해야 한다"며 이는 머지않아 역효과를 불러올 것이라고 말했다.

Chapter 2

사물인터넷 전성시대

"인터넷은 사라질 것이다."

올해 다보스에서 가장 많은 화제를 불러온 말은 에릭 슈미트 구글 회장의 입에서 나왔다. 슈미트 회장이 인터넷의 미래를 전망해 달라는 청중의 질문에 대해 답하면서다. 그러나 찬찬히 뜯어보면 그의 말은 인터넷이라는 네트워크가 사라진다는 의미가 아니다. 인터넷이라는 말을 알고, 적당한 기계를 갖추고 또한 통신망에 연결해야만 네트워크에 접속하는 시대가 끝날 것이란 얘기다. 인터넷이 사라진다는 것이 아니라 오히려 더 발전해서 전기나 수도처럼 생활 속에 스며든다는 것이다.

슈미트 회장은 방에 들어가는 것을 예로 들었다. 지금은 방이라는 공간에 들어가서 개인이 직접 전원 스위치를 켜고 블라인드를 올려야 한다. 방이란 공간과 그 속에 존재하는 사물들은 각각 사물로서만 존재하는 것. 슈미트 회장은 그러나 "이제 방에 들어가는 것도 매우 역동적인 행동이 될 것"이라고 전망한다. 방 안에 들어가면 사물들이 알아서 움직

"인터넷은 결국 사라질 것이다."

에릭 슈미트 구글 회장

이고 또 사용자의 생각만으로 작동이 되는 것이 가능해진다는 것이다. 슈미트 회장은 "고도로 개인화되고, 고도의 쌍방향성이 확보되고, 매우 흥미로운 시대가 열릴 것"이라고 점쳤다.

마윈 알리바바 회장도 자신의 꿈을 말하며 비슷한 얘기를 했다. 마 회장은 "알리바바란 이름을 모르고 인터넷에 어떻게 접속하는지 몰라도 전자상거래가 가능한 시대를 열겠다"고 설명했다.

슈미트 회장은 자신이 말하는 미래상을 일반인들이 가장 쉽게 이해할 수 있는 방법은 사물인터넷Internet of Things이라고 말했다. 모든 사물들이 센서와 네트워크로 연결돼 독립적으로 움직이는 것. 아직 초기단계지만 현실에서 접할 수 있는 기기들이 등장하고 있다. 매년 초 미국 라스베이거스에서 열리는 세계 최대 가전박람회인 CES의 올해 주제 역시 사물인터넷이었다. CES에 자동차 업체 관계자들이 대거 등장한 것도 이 때문이다.

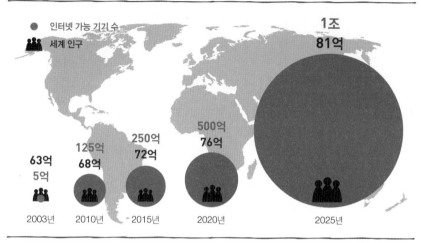

폭발적으로 성장하는 IoT

● 인터넷 가능 기기 수

세계 인구

1조
81억

500억
76억

250억
72억

125억
68억

63억
5억

2003년　2010년　2015년　2020년　2025년

자료: Cisco IBSG

　　존 챔버스 시스코 회장도 기술 발달의 가까운 미래상을 사물인터넷으로 제시했다. 챔버스 회장과 시스코는 수년 전부터 아예 한발 더 나아가 만물인터넷IoE, Internet of Everything이란 개념까지 제시한 상태다. 챔버스 회장은 "향후 10년간 만물인터넷으로 19조 달러의 비용을 줄일 수 있을 것"이라고 점쳤다. 이어 개인, 기업, 정부의 모든 것이 디지털화되고 이러한 변화가 삶을 송두리째 바꿀 것이라고 설명했다. 액센추어의 피에르 낭텀 회장은 "모든 비즈니스가 디지털 비즈니스다"라는 말로 미래를 요약했다.

　　그러나 그 과정은 기업들에게 매우 도전적인 과정이 될 전망이다. 챔

"향후 10년간 사물인터넷으로 10조 달러
비용을 줄일 수 있다."

존 챔버스 시스코 회장

버스 회장은 "신속하게 생각하고 만물인터넷에 적응하고 빠른 혁신을
해내야 한다"고 말했다. 이에 적응하지 못한다면 비극적 운명이 기다릴
것이란 경고다.

Chapter 3

우버나이제이션, 일자리의 미래는

'기술 발달이 일자리를 빼앗을 것인가.'

인공지능AI 기술 발달과 함께 날로 커지고 있는 불안 중 한 가지다. 지난해에도 다보스를 뒤흔들었던 이슈 중 하나인 로봇과 인간의 일자리 전쟁은 올해도 반복됐다. 앞으로도 비슷한 논의들이 더 거세질 수밖에 없을 것이다. 산업혁명이 기계가 인간을 대체하는 시대를 열었다면 이제 디지털혁명은 컴퓨터가 인간을 대신하는 시대를 열 것이란 게 일반적인 관측이다. 앞으로 20년 동안 미국에 존재하는 직업의 45%가 컴퓨터를 비롯한 디지털 기기로 대체될 것이란 전망도 있다고 질리안 테트 〈파이낸셜타임스〉 칼럼니스트가 밝힐 정도다.

그러나 2015년에는 여기에 한 가지 걱정이 더 추가됐다. '우버나이제이션'이다. 한국어로는 '우버화' 정도가 적절한 번역일 듯 싶다. 우버의 출현은 공유경제모델이라는 새로운 체계를 불러왔다. 그러나 한편으로는 택시 기사들의 일자리 파괴라는 새로운 변화를 가져왔다. 런던에서

런던의 명물 '블랙캡' 운전사들이 우버의 영업에 반대하며 2014년 6월 런던 시내에서 길을 막고 시위를 벌이고 있다. 런던 외에도 파리 등 전 세계 곳곳에서 택시 운전기사들의 시위가 잇따랐다.

사진: 블룸버그

택시 기사들이 시위를 벌였고 한국에서도 격한 반대에 직면한 것이 사실이다. 2015년 2월 현재는 우버가 한발 물러서는 형국이다. 그러나 걱정은 우버가 일자리를 빼앗는다는 것에만 있는 것은 아니다. 우버로 인해 생기는 일자리가 과연 유연 근무가 가능한 미래형 일자리인지 아니면 현재의 비정규직보다 더 불안정한 일자리가 될 것인지도 불분명한 상태다.

이에 대해 딱 부러지는 대답은 없었다. 아직은 기술이 일자리를 파괴

"1차 산업혁명 당시 증기기관 생산성 2배 증대에 75년이 걸렸다. 그러나 무어법칙만 봐도 지금 반도체 집적회로 성능은 18개월이면 2배가 된다. 일자리를 지킬 수 있는 사람의 숫자는 급격히 줄고 있다."

에릭 브린욜프슨 MIT 교수

할지에 대한 걱정에 논의의 포커스가 맞춰져 있기 때문이다.

《제2의 기계 시대》를 집필한 에릭 브린욜프슨 MIT 교수는 "기술이 일자리를 창출하면서 파괴할 것"이라고 예상했다. 그는 "기술 발전이 모든 사람이 차지할 수 있는 파이를 키우는 효과는 있었지만 그렇다고 모든 이가 갖는 파이가 공평하게 커지는 것은 아니다"고 전했다. 결과적으로 사람들 사이에 차별적인 혜택이 있다는 것. 당장 컴퓨터가 내일이라도 투입될 수 있는 단순 업무의 경우엔 일자리 감소는 불가피하다. 이에 비해 컴퓨터가 쉽게 대체할 수 없는 고숙련 노동자의 업무는 오히려 부가가치가 더 커질 수 있다는 것이다.

다만 브린욜프슨 교수는 기술 발달의 속도가 과거와 비교도 할 수 없을 정도여서 자신의 일자리를 지킬 수 있는 사람의 숫자는 더 빠르게 줄어들 것이라고 전망했다. 일례로 "증기기관 발명 후 출력이 2배가 되는데는 75년의 시간이 걸렸다. 그러나 인터넷의 경우엔 무어의 법칙만 봐도 18개월 정도면 가능해진 것"이라고 말했다. 브린욜프슨 교수는 "속도뿐 아니라 디지털, 네트워크화 등의 가속화로 변화는 더 거세지고 있다"고 지적한 뒤 현시대의 재화의 특징을 '공짜로, 100% 동일한 품질로, 순식간에 만들어서 전 세계 어디로든 보낼 수 있는 것'이라고 정의했다. 그만큼 차별화된 능력이 필요 없는 일자리는 생기기 힘들다는 것이다.

물론 비관적인 전망만 있는 것은 아니다.

인도 인포시스 CEO인 비샬 식카는 "기술은 인간의 능력을 확대시키고 일자리를 증가시킨다"고 강조했다. 그는 인도에서 진행 중인 녹색혁명 프로젝트를 기술이 인류 생활에 기여한 사례로 꼽았다. 녹색혁명 프로젝트는 무균 씨앗을 제공해 농부들이 더 많은 수확을 할 수 있도록 돕고 있다. 이 프로젝트 자체는 지난 1960년에 시작된 것으로 식카 CEO는 이 사례를 통해 곡물 생산량이 급격히 늘었다고 말했다. 디지털 기술역시 마찬가지다. 식카 CEO는 클라우드 기술이 중국에서 800만 개의 새로운 일자리를 구했다고 덧붙였다.

게다가 인간의 판단이 필수적인 작업이 많다는 것도 식카 CEO가 주장하는 근거다. 그는 "기술은 언제나 인간의 능력을 확장시켰고 생산성을 높였다"면서 "사람이 항상 기술의 중심에 서 있었고 더 적은 노력으로 더 많은 일을 할 수 있도록 도왔다"고 설명했다.

에릭 슈미트 구글 회장 역시 일자리가 늘어날 것이라는 데 한 표를 던 졌다. 그는 "통계적으로 보면 기술 관련 일자리 1개가 늘면 비기술 관련 일자리 7개가 더 생긴다"고 평했다.

셰릴 샌드버그 페이스북 COO는 창업이 늘고 있음을 기술이 일자리 파괴로 연결되는 것은 아니라는 예로 들었다. 그는 "한국의 로스쿨생이 호텔 가격 실시간 비교 앱을 만들어 현재는 8명을 고용하고 있다"고 전 했다.

그러나 기술로 인해 비숙련 노동자의 경우 일자리가 줄어들 것이란 점은 피할 수 없는 대세다. 이를 극복하기 위해 필요한 것이 교육이다. 기술 발달과 더불어 과거엔 거액의 등록비를 내야만 가능했던 교육들 이 가능해지고 있다. 온라인 공개수업Massive Open Online Course, MOOC, 흔히 무크라고 부르는 것이다.

브린욜프슨 교수는 MIT의 사례를 하나 들었다. 몽골의 한 학생이 MIT가 인터넷을 통해 공개한 강의를 듣고 이 과목에서 만점을 받았다. 이후 이 학생이 MIT에 입학하게 됐다는 얘기다. 불과 몇 년 전만 하더라 도 불가능한 일이 이제는 현실에서 나타나고 있다.

길핀 파우스트 하버드대 총장은 수년 전 시작한 온라인 강의 프로그 램인 에드X를 통해 벌써 200만 명이 수업을 들었다고 밝혔다. 하버드대 캠퍼스 내에서 수용 가능한 인원 2만 1,000명과 비교하면 온라인 교육 의 힘을 알 수 있다. 파우스트 총장은 "대학이 갖고 있는 우수한 지적 자

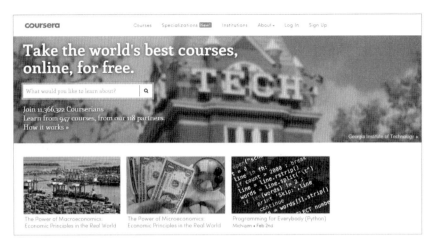

대표적인 무크 업체인 쿄세라의 홈페이지.

산을 공유함으로써 더 많은 지식을 창출해 낼 수 있을 것으로 믿는다"고
말했다.

부정적인 견해도 힘을 얻고 있다.

빌 게이츠 게이츠재단 회장은 "한동안 우리를 대신해 일할 기계들은
매우 똑똑하지는 않을 것이고 관리만 잘하면 긍정적 효과가 있을 것"이
라고 말했다. 그러나 게이츠 회장은 "수십 년이 지난 후에는 기계의 지능
이 우리가 염려해야 할 수준으로 발전하게 될 것"이라고 경고했다.

다보스포럼에서는 아니지만 최근 많은 전문가들이 AI의 위험성을 경
고하고 있다. 영화 〈아이언맨〉의 실제 모델로 알려진 엘론 머스크 테슬
라 CEO도 "인류에게 가장 큰 외부 위협"이라며 "(AI를 만지작거리기 시

작한 것은) 악마를 소환한 것과 같다"고 꼬집었다.

스티븐 호킹 박사도 최근 BBC와의 인터뷰에서 "AI의 발달은 인류의 역사에 종언을 고하는 것과 같다"며 "인류처럼 종의 진화가 느린 종족은 경쟁이 불가능하며 결국 도태될 것"이라고 말했다.

디지털 혁명은 신뢰 혁명부터

"디지털 혁명을 위해서는 신뢰 혁명이 필요하다."

마크 베니오프 세일즈포스닷컴 CEO의 말이다. 세일즈포스닷컴은 클라우드 서비스를 제공하는 기업이다. 클라우드 서비스란 다수의 이용자들이 가상의 공간에 동일한 내용을 저장하고 이를 활용하는 방식을 말한다.

베니오프 CEO는 "이미 기술 업계에서는 믿을 수 없을 정도로 많은 변화가 일어나고 있다"며 "클라우드 컴퓨팅, 소셜네트워크, 이동성 등의 시대에 살고 있으며 조만간 데이터사이언스와 인공지능의 시대에 접어들 것"이라고 전망했다. 지금까지의 디지털 시대가 기록의 문화였다면 앞으로는 인텔리전스(지능)의 시대란 것이다.

그러나 여기엔 한 가지 큰 전제가 붙어 있다는 것이 베니오프 CEO의 설명이다.

바로 사용자의 신뢰를 얻어야만 한다는 것. 그는 "앞으로 클라우드 컴

"디지털 혁명을 위해서는 신뢰 혁명이 필수다."

마크 베니오프 세일즈포스닷컴 CEO

퓨팅 등의 시대가 오려면 새로운 차원의 개방성과 투명성 확보가 필요하지만 이게 모든 사람들에게 환영받지는 못할 것"이라고 말했다. 특히 업체들 입장에서 부담이 커지기 때문이다. 베니오프는 "앞으로 문제가 발생하면 즉각적이고 완전하게 공개하는 것이 필요하다"며 현 단계는 그 정도는 아니라고 설명했다.

마리사 메이어 야후 CEO 역시 베니오프 CEO의 말에 동의하면서도 한 가지 단서를 달았다. 즉 사용자 역시도 자신의 정보에 대해서 더 많은 관심을 기울여야 한다는 것.

"개인화된 기술은 더 좋은 기술이다. 그리고 더 개인화된 인터넷은 더 좋은 인터넷이다. 우리는 앞으로 데이터를 클라우드에 저장하게 될 것이다. 문제는 사용자들이 이를 편안하게 받아들일 수 있도록 만드는 것이다. 투명성도 필요하지만 데이터를 추적하고 통제하는 것도 필요하다. 사용자들이 자신의 데이터를 소유하고 조사하고 또 이 정보들을 들고 마음에 드는 업체를 골라 이동할 수 있어야 한다. 이를 위해서는 데이터가 어떻게 사용되는지와 어떻게 작동하는지에 대한 이해가 필요하다.”

메이어 CEO는 그러나 아직까지 대부분의 인터넷 업체들이 소비자들이 원하는 정도의 투명성을 확보하고 있지는 못하다고 꼬집었다.

그러나 일부에서는 데이터를 사실상 상업적 목적으로 사용하고 있지 않다며 항변하는 목소리도 나왔다. 리버티 글로벌의 마이클 프라이스는 “월 평균 700만 방문자가 300억 클릭을 하고 500억 시간을 우리 사이트에 머물지만 수익으로 연결되는 것은 하나도 없다”고 설명한다. 이어 그는 “정보 공개 등에 대한 기준을 세우는 것이 몇 년 안에 가능하지도 않다”며 “EU만 보더라도 좋은 의도를 갖고 지난 25년간 일했지만 28개 국의 동의를 이끌어 내는 것이 쉬운 일은 아니다”고 덧붙였다.

공유경제sharing economy의 확산도 신뢰 혁명이 필요한 이유 중 하나다.

올해 다보스를 찾은 인사 중 눈길을 끌었던 인사로 에어비앤비의 CTO인 네이선 블레차르지크가 있다. 실리콘밸리 출신인 데다 공유경제를 기반으로 하는 기업이라는 점에서 눈길을 끌었다. 에어비앤비는 집이 빌 때 이를 다른 사람에게 빌려줄 수 있도록 연계해 주는 업체다. 전 세계 190개국 3만 4,000여 도시에서 100만 개의 숙소를 운영하고 있다. 블레차르지크 CTO가 지난 2008년 브라이언 체스키 CEO와 조 게비아 CPO와 함께 창업했다.

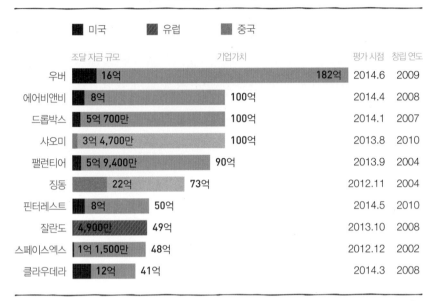

기업가치 평가액 상위 **10개 스타트업**   (단위: 달러)

■ 미국   ■ 유럽   ■ 중국

	조달 자금 규모	기업가치	평가 시점	창립 연도
우버	16억	182억	2014.6	2009
에어비앤비	8억	100억	2014.4	2008
드롭박스	5억 700만	100억	2014.1	2007
샤오미	3억 4,700만	100억	2013.8	2010
팰런티어	5억 9,400만	90억	2013.9	2004
징동	22억	73억	2012.11	2004
핀터레스트	8억	50억	2014.5	2010
잘란도	4,900만	49억	2013.10	2008
스페이스엑스	1억 1,500만	48억	2012.12	2002
클라우데라	12억	41억	2014.3	2008

자료: WSJ

뉴욕에서 디자인을 공부하던 체스키 CEO와 게비아 CPO는 컨퍼런스 참석차 샌프란시스코를 찾았다가 숙박시설을 구하지 못해 애를 먹었던 경험을 살려 에어비앤비를 창업했다. 수익구조는 간단하다 빌려주는 쪽은 3%, 빌리는 쪽은 6~12%를 수수료로 에어비앤비에 내는 식이다. 2014년 TPG캐피털에서 자금을 유치할 때 당시 산정된 기업가치는 10억 달러. 우리 돈으로 1조 원이 넘는 셈이다. 2014년 6월까지 자료를 〈월스트리트저널〉이 평가한 바에 따르면 최근 3년 새 자금 조달에 성공한 스타트업 상위 10개사 중 1위와 2위가 각각 우버와 에어비앤비로 둘 다 공유경제를 지향하는 업체다.

한국에서도 논란을 불러오고 있는 스마트폰 택시 호출 앱 우버와 함께 공유경제의 대표 모델로 꼽힌다. 우버가 최근 들어 운전기사에 의한 범죄가 문제로 지적되듯이 에어비앤비 역시 비슷한 문제에 직면해 있다. 한 번도 보지 않은 임대·임차인을 어떻게 믿느냐는 것.

리처드 에델만 에델만 CEO는 "공유경제라는 것 자체가 신뢰를 기반으로 하고 있다"며 "신뢰 혁명이 필요한 상황"이라고 강조했다.

"실무 교육 철저하게 YES,
연구개발 아웃소싱 NO"

"철저한 실무 교육이 기업 경쟁력의 원천이다."

세계 최대 제약회사 노바티스의 조셉 지메네스 CEO가 말하는 성공 요인이다. 그는 "노바티스는 생물과 화학을 포함한 11개 분야에서 300여 명의 견습생 제도를 운영하고 있다"며 "장기적인 성과를 내기 위해선 지속가능한 인프라스트럭처 구축이 필요한데 이를 위한 중요한 기반이 되고 있다"고 밝혔다. 지메네스 CEO는 "이런 실무 교육은 노바티스는 물론 의료 분야에서 다음 세대의 리더를 키우는 데 큰 역할을 할 것"이라고 말했다. 청년층 실업률을 낮추는 데도 도움이 될 수 있을 것이라고 덧붙였다.

스위스 바젤에 본사를 둔 다국적 제약회사 노바티스는 연 매출 63조 원에 달하는 세계 최대 제약회사(매출 기준)다. 고혈압 치료제 '디오반', '엑스포지', 만성폐쇄성폐질환 치료제 '온브리즈', 백혈병 치료제 '타시그나' 등으로 유명하다. 조셉 지메네스는 미국 식품업체 하인즈의 유럽 지역 CEO 등을 거쳐 2010년부터 노바티스 CEO로 활약하고 있다. 전혀 다른 분야에서 경험을 쌓아 왔다는 것이 그의 강점이자 단점이었다.

노바티스는 특히 과감한 연구개발R&D 투자로 업계의 혁신을 이끌고 있다. 지메네스 CEO는 "경쟁 업체들은 R&D를 아웃소싱하기도 하지만 노바티스는 매년 매출액의 17%를 R&D에 쏟아붓고 있다"며 "이런 투자가 제약산업에서 선두를 유지할 수 있는 비결"이라고 밝혔다. 노바티스는 금융 위기 후폭풍도 과감한 R&D 투자라는 역발상으로 돌파해 냈다. 2007년 74억 달러였던 R&D투자를 2011년에는 96억 달러로 30%나 늘린 게 대표적 사례다. 지난해에는 구글과 손잡고 디지털 기술이 응용된 콘택트렌즈인 '스마트렌즈'를 개발하기도 했다. 스마트렌즈는 근·원거리의 시력 조절에 어려움을 겪는 환자들에게 카메라의 자동초점조절장치처럼 기능하는 신개념 렌즈다.

Q 현재 경영자로 가장 주력하는 분야는 무엇인가?

노바티스가 주력 분야에 더 집중하도록 변화시키고 있다. 핵심 사업 분야인 혁신적인 제약, 눈 관리, 지네릭 상품에 집중하고 있다. 이와 함께 혁신 능력을 높이기 위해서 노력하고 있다.

Q 합병을 통해 노바티스가 출범 이후 20주년밖에 안 됐지만 매출 1위다. 성공 비결은?

노바티스는 이미 탄생 전에 의료 분야에서 오랜 역사를 갖고 있다. 우리 경쟁사들이 연구개발 규모를 줄이거나 외부에 위탁하는 상황에서도 우리는 연 매출의 17%를 연구개발에 사용하고 있다. 이러한 노력 덕분에 업계에서 가장 확실한 제품군을 갖추게 됐다.

Q 2015년 경제 상황을 어떻게 전망하고 있나?

미국을 비롯한 몇몇 국가에서 경제 성장의 신호들이 나타나고 있지만 전 세계 경기는 여전히 위태로운 상황으로 보인다. 민간과 공공부문에서 연구개발에 대한 지속적인 투자가 경기 회복을 이끌어 내는 데 중요한 역할을 할 것으로 본다.

Q 혁신을 이끌어 내기 위해서 어떤 정책을 택하고 있는가?

혁신은 제약산업의 피와도 같다. 전통적인 연구개발 외에도 디지털기술을 활용한 새로운 치료 방식 연구 등에도 몰두하고 있다. 단순한 제품 연구개발 외에도 환자들에게 제품과 서비스를 동시에 제공할 수 있는 패키지 모델의 구상도 진행하고 있다.

Q CEO로서 가장 중요한 자질은 무엇이라고 보는가?

리더라면 결과를 내는 것도 중요하지만 이를 '제대로 된 방식right way'으로 이뤄지도록 해야 한다. 노바티스에서 우리는 6가지 핵심 가치를 정해 놓고 있다. 혁신, 품질, 협업, 성과, 용기 그리고 정직이다. CEO로서 모든 조직원들이 규정을 준수하는 것을

05 기술의 역습   195

매우 중요시하고 있다. 우리가 일하는 모든 분야에서 높은 수준의 정직성을 담보하는 것보다 중요한 일은 없다고 본다.

Q 하인즈와 블랙스톤 등에서도 일을 한 경험이 있다.
이런 경험이 당신에게 어떤 영향을 끼쳤나?

제약산업도 매우 변화가 빠른 산업이다. 다양한 산업을 경험해 본 덕에 시장 상황 변화와 소비자의 수요 변동을 예측할 수 있는 눈을 키울 수 있었다. 또한 다양한 분야의 목소리를 듣는 것의 중요성을 알게 되었고 복잡한 상황에서 핵심을 파악하는 능력을 키웠다.

Q 제약산업을 키우기 위해 한국 정부가 노력 중이다. 어떤 역할을 할 수 있나?

정부는 세제와 규제 개혁에 집중해야 한다. 지적재산권 보호는 혁신을 위해 필수적인 요소다. 지적재산권에 대한 보호 없이는 혁신을 위한 투자가 급감할 수밖에 없다.

Q 청년 실업이 전 세계적으로 문제다. 해결법을 생각해 본다면.

선진국에서는 교육시스템 개혁이 필수다. 직장에서 성공할 수 있도록 준비시키는 과정이 필요하다. 노바티스와 같은 기업들은 실무훈련OJT을 통해 더 나은 교육을 만들어 가고 있다. 우리는 스위스에서 11개 부문에서 약 300명의 견습생을 훈련시키고 있다. 개도국에서는 더 지속가능한 인프라스트럭처를 구축하는 것이 필요하다. 각 국가의 인재들을 발굴하고 키울 수 있도록 노력하고 있다.

배지가 신분이요 계급

"다보스에선 배지가 곧 신분이요 계급이다."

다보스포럼을 경험해 본 사람들 모두가 절감하게 되는 현실이다. 행사장 입장, 세션장 입장 때마다 배지를 제시해서 본인 이름과 얼굴을 확인받아야 한다. 또 최고 경계 태세를 유지하는 콩그레스센터 및 주요 호텔 근처에는 배지가 없으면 아예 주변 도로 통행도 할 수 없다.

다보스포럼 사무국에서 발급하는 배지는 총 12종이 있다. 배지는 바탕색으로 구분이 된다. 그러나 같은 색깔의 배지도 여러 가지로 세분된다. 또 주요 호텔 출입을 위한 호텔 배지도 있어 실제로 통용되는 배지의 종류는 30종을 훌쩍 넘는다.

다보스포럼을 하나의 세계로 본다면 최고 귀족은 화이트 배지다. 행사 참석자들에게 지급된다. 그러나 여기에도 구분이 있다. 회원 등급에 따라 배지에 미세한 차이가 있다. 가령 전략파트너인 회사의 참가자라면 얼굴 사진 옆에 검은색 점이 하나 찍혀 있는 식이다. 배지의 등급에 따라 휴식 공간도 다르고 제공되는 혜택 등에서도 차이가 있다. 일례로 콩그레스센터 안의 엘리베이터는 산업파트너 이상만 사용할 수 있다. 그다음으로 자주 볼 수 있는 것이 미디어임을 보여 주는 오렌지색 배지다. 출입 등은 자유롭지만 세션 참여 등에서 상당한 제약이 있다. 또 언론 접촉을 피하는 사람이 많은 탓에 참석자들이 경계하는 배지다. 〈파이낸셜타임스〉에서는 오렌지색 배지를 '사교가 불가능한 배지'라고 적기도 했다. 이외에도 다보스포럼 사무국 스태프임을 나타내는 파란색, 일반 참석자를 의미하는 연두색 등이 자주 접하게 되는 배지다. 하지만 다보스포럼에는 아예 배지가 없는 사람도 적지 않다. 참석자를 서포트하기 위해 오는 사람들로 통행에서부터 모든 것에 제약이 있다. 이 때문에 자조적으로 "배지가 없으면 다보스에선 불가촉천민"이라는 우스갯소리도 나온다.

다보스포럼 즐기기 4단계

'다보스포럼' 하면 대부분 콘퍼런스만을 생각한다. 그러나 다보스를 경험해 본 사람들은 모두 "다보스포럼의 핵심은 세션이 아니다"라고 말한다. 무대 뒤에서 끊임없이 이어지는 미팅, 일반에게 전혀 공개되지 않는 회의, 소규모로 진행되는 각종 행사, 밤 늦게까지 이어지는 프라이빗 파티 등이 다보스포럼의 또 다른 경쟁력이다.

다보스에서 우스갯소리처럼 접하는 '다보스포럼 즐기기 단계'도 이런 분위기가 반영되어 있다.

다보스 시내 주요 호텔 중 한 곳인 모로사니 슈바이처호프 호텔의 연회 시간표. 매일 아침 7시부터 이튿날 자정을 넘긴 시간까지 각종 행사 계획이 촘촘히 자리 잡고 있다.

1단계는 세션을 듣고 돌아가는 단계다. 2단계는 세션 외에 개별 미팅을 진행하는 것. 3단계는 세션 혹은 산업미팅 등에 발표자로 참석하는 것. 그리고 마지막 최고수의 단계는 저녁 파티 등에 참석해 네트워킹에 매진하는 것.

우선 다보스포럼 활용하기의 1차 관문인 미팅. 다보스포럼 행사장에는 세션장만큼의 공간에 양자 미팅을 위한 장소들이 마련돼 있다. 이곳에서 글로벌 최고경영자, 정부 고위 관계자 등의 미팅이 이어진다. 전략 파트너로 참석하고 있는 한화그룹의 경우만 하더라도 5명의 참석자들이 다보스포럼 기간 중에 소화하는 개별 미팅만 60~70개가 있다.

한화그룹 관계자는 "60~70명의 인사들을 다보스가 아닌 곳에서 만나려면 항공 요금만 수억 원이 소요될 것"이라고 말했다. 이어 "아무리 짧아도 이틀은 걸리는 출장을 1년에 60~70번 가는 것 자체가 불가능하다"며 다보스만 잘 활용해도 시간과 비용을 줄일 수 있다고 설명한다.

미팅이 워낙 많다 보니 포럼 행사장 내 공간에서 진행하기 어려운 것도 있다. SK와 한화 등이 별도의 공간을 사무실로 빌리는 이유다. 글로벌 기업들의 수요가 많다 보니 다보스포럼 기간에 사무실 임차에 상당한 금액이 필요하다. 다보스를 관통하는 프롬나드 길 주변의 사무실의 경우 일주일에 약 1억 원가량이 필요하다.

두 번째 핵심은 산업계 회의. 다보스포럼 공식 프로그램북에는 등장하지 않는 회의 등이 있다. 각 업계 글로벌 CEO 등이 모여서 올 한 해 업계 현안에 대한 의견을 교환하는 자리다. 보통 '인더스트리 서밋' 혹은 '거버넌스 회의'라고 불리는 미팅이다. 이름에서 알 수 있듯이 인더스트리파트너급 이상만 들어갈 수 있다. 포럼 기간 중 업종별로 1~2회가 열린다. 이곳에 참석하는 조건은 CEO 혹은 CEO의 대리인으로 엄격히 제한된다. 그만큼 소규모로 미팅이 이루어진다. 예를 들어 현대차가 참여한 자동차 분야 인더스트리 서밋은 글로벌 13개사의 CEO가 참여했다고 한다. 업계에서 알아주는 기업들 수장이 다 모여서 의견을 조율하고 공동 대응 가능성을 논의하는 자리다. 자동차분과의 경우 올해 주제는 이산화탄소 규제와 자율주행차. 과거 업계 서밋에 참석했던 인사는 "이 미팅에 참여하면 '올해 어떤 식으로 흘러가겠구나'라는 큰 그림을 잡을 수 있다"고 전했다.

세 번째는 각종 모임과 파티. 다보스포럼 기간 중 이곳 호텔들에서는 아침부터 저녁까지 각종 행사들이 열린다. 각 국가와 기업들이 알아서 진행하는 번외 행사다. 전국경제인연합회가 주최하는 '한국의 밤' 역시 번외 행사 중 하나다. 한국의 밤 행사가 열리는 모로사니 슈바이처호프 호텔만 보더라도 호텔에 총 6개의 행사 진행 공간이 있다. 6곳 모두 하루 평균 2~3개의 미팅이 있다. 포럼 기간만 해도 이 호텔에서만 얼추 50개의 행사가 열리는 셈이다. 다보스에 주요 호텔만 따져도 15개가 있으니 최소 600여 개의 행사가 이 기간 동안 열리는 셈이다. 여기에 한밤중까지 이어지는 각종 파티에서는 술 한잔과 함께 진짜 네트워킹이 시작된다. '어느 업계 사람들이 많이 모이는 술집은 어디'라는 식으로 나름 매뉴얼까지 만들어져 있을 정도다.

매년 가장 '핫'한 파티는 실리콘밸리 출신 기업들이 주최하고 있다. 지난해에는 세일즈포스닷컴의 마크 베니오프 CEO가 주최한 파티가, 그 전해인 2013년에는 냅스터 창립자이자 페이스북 투자자이기도 했던 숀 파커의 파티가 다보스를 점령했다. 그러나 올해는 점잖은 파티들이 주를 이루었다. BBC의 한 기자는 "올해는 시끄러운 음악을 피하느라 벽을 보면서 얘기할 일은 없었다"고 평가하기도 했다.

'억' 소리 나는 물가

스위스의 평균 물가는 한국에 비해 한참 높다. 간단한 예로 택시 기본요금이 6프랑(7,200원)가량 된다. 버스 기본요금은 다보스의 경우 3프랑(3,600원)이다. 1인당 GDP가 5만 5,000달러 수준이니 우리에 비해 물가가 비싼 것은 이해가 되는 일이다.

그러나 다보스포럼 기간 중 현지 물가는 상상을 초월한 수준에 달한다. 전 세계에서 그것도 가장 돈 많은 사람들이 몽땅 한곳으로 몰려드니 가격이 천정부지로 치솟는 것이다.

우선 숙박비. 국내 참가자 A씨가 묵은 호텔은 A씨 표현에 따르면 '여관방' 수준이다. 이 방의 여름철 정상가는 1박에 130프랑이다. 약 15만 6,000원이다. 올해 다보스포럼 기간 중 A씨가 호텔비로 낸 돈은 총 2,700프랑이다. A씨는 회사 업무상 사흘밖에 머물 수 없었지만 5박 숙박비를 냈다. 규정이 그렇다. 호텔을 예약하는데 무슨 규정이냐 싶겠지만 다보스에선 말이 되는 얘기다. 워낙 많은 사람이 참석하다 보니 포럼 사무국에서 일반 회원들이 묵을 호텔을 지정해 준다. 몇 개의 호텔을 추천해 주고 하나를 고르는 식이다. 그러나 대부분 비슷비슷한 수준을 추천해 준다. 이 시기엔 사무국을 통하지 않으면 예약이 안 된다. 이런 맹점을 파고들어 호텔에서는 실제 고객이 묵는 숙박 일수에 상관없이 무조건 기본 5박 비용을 청구한다. 싫으면 20~30분 떨어진 다른 시로 가거나 민박집을 찾아야 한다. 결과적으로 A씨는 1박당 560프랑을 냈다. 67만 원이 넘는 돈이다. 평상시 요금의 5배 수준이다. 실제로 사흘만 묵었고 평소 호텔숙박료가 대부분 할인이 이뤄진다는 점을 고려하면 A씨는 사실상 10배 이상을 낸 셈이다. 민박집 등을 빌려도 가격은 상상을 초월한다. 방 2개에 작은 거실이 딸린 집을 행사 기간 동안 빌리는 데만 약 400만 원이 필요하다.

다음은 식비. 다보스에서 가장 알아주는 중식당인 골든드래곤. 이 식당에서는 다른

스타인버거 벨베데레 호텔의 메뉴판. 5만 원
짜리 핫도그, 6만 원짜리 샐러드 모습. 다보
스에서도 가장 비싼 호텔에서 판매하는 것이
라지만 가격이 일반인들 입장에서 감히 엄두
를 낼 수 없을 정도로 높은 게 사실이다.

다보스 식당이 그렇듯 다보스포럼 특별 메뉴가 있다. 인원수에 맞춰 금액이 정해져 있
는 세트메뉴다.

　2인(인당 63프랑, 약 8만 원)에서 시작해서 8명 이상은 인당 104프랑(약 13만 원)
가까이 내야 한다. 4인을 기준으로 보자. 다보스포럼 메뉴대로 평소에 주문했다면 4명
식사비로 140프랑 정도가 나온다. 그러나 다보스포럼 때는 4인 메뉴가 인당 70프랑
씩 총 240프랑(약 29만 원)이다. 똑같은 음식을 먹지만 12만 원을 더 내는 셈이다. B
식당 지배인은 "우리는 그래도 양심적"이라고 항변한다.

　2015년 다보스포럼 기간 중에 38프랑(약 5만 원)짜리 핫도그가 외신을 타고 전해
지면서 한국에서도 화제가 됐었다. 피클, 튀긴 양파와 겨자 등이 들어간 핫도그 하나에
5만 원이란 가격표가 붙으면서 다보스는 부자들의 잔치라고 낙인찍혔다. 이 핫도그는

다보스에서도 최고급 호텔로 유명한 스타인버거 벨베데레에서 판매하는 것. 이 호텔에서 치킨시저샐러드는 48프랑(약 6만 원) 정도다. 다보스에서도 가장 비싼 호텔의 메뉴라지만 일반인들 입장에서는 혀를 내두를 수밖에 없는 가격이다.

PART
06

진격의 중국

Chapter 1

뉴노멀 중국

　중국 경제에 대해 염려하는 목소리가 커지고 있다.

　다보스포럼 기간 중 중국 국가통계국은 2014년 경제 성장률이 7.4%를 기록했다고 밝혔다. 이는 '톈안먼天安門 사건' 직후인 지난 1990년 3.8% 이후 24년 만의 최저치다. 중국 정부는 당초 2014년 경제 성장률로 7.5%를 제시했으나 이 역시 달성하지 못했다. 목표치 미달은 1988년 이후 처음이다. IMF는 다보스포럼 직전인 1월 19일 올해 중국의 경제 성장률을 6.8%로 예상하며 기존 7.1%보다 낮춰 잡았다. 중국은 2월 들어서 지급준비율까지 인하했다. 인민은행은 지금까지 금리 인하나 지준율 인하 카드를 꺼내는 것을 자제해 왔다. 전면적 금융 완화가 자칫 부동산 거품을 야기할 수 있기 때문이다. 시진핑 정부는 일정 부분 대가를 치르더라도 부동산 거품은 용인하지 않겠다는 점을 분명히 해 왔던 것을 생각하면 중국 정부가 얼마나 다급한지 가늠해 볼 수 있다.

　다른 미세조정 정책의 약발이 시원찮은 것으로 나타나자 지준율 인하

중국 경제 성장률 추이 (단위: %)

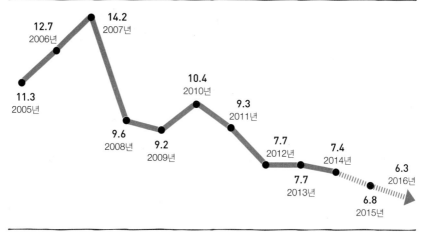

11.3
2005년

12.7
2006년

14.2
2007년

9.6
2008년

9.2
2009년

10.4
2010년

9.3
2011년

7.7
2012년

7.7
2013년

7.4
2014년

6.8
2015년

6.3
2016년

* 2015, 2016년은 IMF 전망치

자료: 중국 국가통계국

IMF의 2015년 세계 각국 성장률 전망 (단위: %)

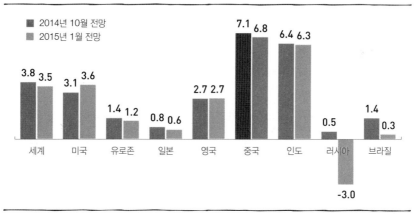

■ 2014년 10월 전망
■ 2015년 1월 전망

세계 3.8 3.5
미국 3.1 3.6
유로존 1.4 1.2
일본 0.8 0.6
영국 2.7 2.7
중국 7.1 6.8
인도 6.4 6.3
러시아 0.5 -3.0
브라질 1.4 0.3

자료: IMF

카드를 꺼낼 수밖에 없었다. 앞서 인민은행은 2014년 12월 지준율 산정 대상에 포함되지 않는 비은행 금융기관이나 증권사들이 맡긴 예금의 일부를 지준율 산정에 포함시키기로 했다. 사실상 지준율을 인하하는 것과 같은 효과를 노린 것이다. 하지만 효과는 미미하고 경제지표는 나아진 게 없었다. 중국 최대 정치 행사인 양회兩會, 전국인민대표대회와 중국인민정치협상회의 일정도 고려한 것으로 보인다. 3월 초 베이징에서 개최된 양회를 통해 중국 정부는 올해 경제 성장률 목표치를 확정했다. 지난해보다 0.5%포인트 떨어진 7%로 정해졌다. 전문가들은 양회가 끝난 뒤 3월 말 이후에나 인민은행이 본격 금융 완화에 나설 것으로 전망해 왔다. 하지만 주요 경제지표가 모두 침체한 것으로 나타나 "7%도 어렵다"는 비관론이 제기되자 인민은행이 지준율 인하 시기를 앞당긴 것이다.

중국에 대한 염려가 커지는 것을 의식해서인지 중국 정부는 올해 다보스에 리커창 총리를 참석시켰다. 중국 현직 총리가 다보스포럼에 참석한 것은 지난 2009년 이후 6년 만이다. 다보스포럼 사무국은 지난 2007년부터 여름철 행사를 중국에서 개최하고 있다. 행사는 다롄과 톈진을 번갈아 가면서 개최하고 있다. 톈진은 원자바오 전 총리의 고향이며 다롄은 2004년부터 2007년까지 리커창 총리가 성장으로 있던 랴오닝 성에 속해 있다. 이후 중국과 관계가 돈독해졌지만 또 같은 이유로 중국 인사들의 다보스 행사 참석은 많지 않았다.

2015년엔 중국에서 리커창 총리 참석 외에도 총 81명이 참석했다. 지

2015 다보스포럼 기간 중 열린 '다렌의 밤' 행사 장면.

난해 참석자 53명에 비하면 60%가 늘어난 숫자다. 이외에도 리커창 총리를 수행해서 왕이 외교부장관, 저우샤오촨 인민은행 총재 등이 대거 참석했다. 현지 렌트카 업체 등에 따르면 리 총리 수행단에서 빌린 차량만 200대에 달한다고 한다. 포럼 둘째 날인 22일 저녁에는 메인 행사장인 콩그레스센터에서 '다렌의 밤' 행사를 열기도 했다. 또 행사장과 다보스 주요 호텔마다 〈차이신財新〉을 비롯해 〈차이나데일리China Daily〉 등 중국 잡지 등이 비치돼 있어 눈길을 끌었다.

특히 세계의 관심이 쏠리는 기업인들을 직접 세션에 참여시키기도 했다. 대표적 인물이 마윈 알리바바그룹 회장과 런쩡페이 화웨이 회장이

다보스포럼 행사장 곳곳에서 중국 언론인들이 중국인 참석자를 인터뷰하는 장면을 자주 발견할 수 있다.

다. 마 회장은 2014년 9월 세계 최대 규모의 기업공개IPO로 전 세계의 이목이 집중된 상태다. 또 '은둔자'로 알려진 런 회장 역시 좀처럼 외부에 얼굴을 드러내지 않는 인물이다. 화웨이는 미국 시장에 진출하려다 미 의회의 반대로 좌절한 적이 있다. 2012년 미 하원에서 화웨이가 미국의 안보를 위협한다며 정부에 화웨이가 만든 장비를 쓰지 말고 투자와 인수합병도 금지해야 한다고 밝혔다.

이들의 어조 역시 달라졌다. 중국 위협론을 제기하는 국가들이 늘어난 상황에서 자신들을 최대한 낮추는 쪽으로 가닥을 잡은 것. 후진타오 전

주석 시대의 중국이 '대국굴기大国崛起'를 외치며 슈퍼파워의 탄생을 말했던 것과 달리 시진핑 주석은 '중국몽中國夢'을 말하고 있는 것과도 비슷한 맥락이다.

다보스에서는 중국에 대해 조심스러운 전망을 내는 분위기도 존재했다.

케네스 로고프 하버드대 교수는 "2015년 세계 경제 최대 위험은 중국"이라고 말했다. 또 올해 유망한 지역을 묻는 PwC 기업인 설문조사에서 중국은 미국에 뒤져 2위를 기록했다. 조사가 시작된 후 처음 있는 일이다.

장신 소호차이나 회장은 이 같은 분위기를 "중국은 지난 20년 가운데 미래의 방향을 추정하기 어려운 유일한 때다"라는 말로 설명했다. 소호차이나는 중국의 대형 부동산 기업이다. 장 회장은 특히 베이징 지역에 대규모 투자를 진행한 탓에 '베이징을 세운 여성'이란 평가를 받기도 한다.

Chapter 2

중국 경제 위기는 없다

"2015년은 중국 경제에 어려운 한 해가 되겠지만 경착륙은 없다."

리커창 중국 총리가 다보스포럼에 참석해 강한 어조로 중국 경제에 대한 자신감을 드러냈다. 리 총리는 1월 21일(현지 시간) 다보스포럼 기조연설자로 나서 "중국은 이제 '뉴노멀'의 새로운 단계에 접어들었다"며 "단기적 성장을 추구하기보다는 장기적 구조 개혁을 진행할 것"이라고 강조했다. 이어 중국 경제가 성장의 모멘텀을 잃은 것이 아니라 오히려 더 강력한 엔진을 장착한 것이라고 표현했다.

뉴노멀이란 과거와 달리 경제 성장률이 높지 않은 상황을 뜻하는 말이다. 대부분 국가에서 중국의 뉴노멀을 저성장 등으로 번역하지만 중국은 스스로 뉴노멀을 안정성장으로 설명한다. 리 총리의 발언은 중국이 1980년 이후 24년 만에 최저인 연 7.4%의 성장률을 기록했다는 국가통계국 발표 후 하루 만에 나온 것이다. 그는 지금의 7.4% 성장은 5년 전 10% 성장에 비해서 더 큰 규모라며 다보스에 모인 참석자들에게 확

리커창 총리가 강연하는 모습.

신을 심어 주기 위해 애쓰는 모습이 역력했다. 중국이 7% 성장하는 것은 매년 GDP가 8,000억 달러 이상 늘어나는 것이라고 구체적인 숫자까지 제시했다.

리 총리는 저성장의 타개책으로 구조 개혁과 기업가정신을 꼽았다. 중국이 대중 창업과 혁신을 장려하고 지적재산권을 보호하며 서비스 부문 자유화를 통한 구조 개혁을 진행할 것이란 설명이다.

리 총리는 1985년 농촌 개혁을 했던 경험이 있다며 구조 개혁에 대한 자신감을 드러냈다. 리 총리는 구체적으로 언급하지 않았지만 금융 위기 이후 중국 정부가 취했던 내수 진작 정책은 사용하지 않을 것임을 간

리커창 총리의 다보스포럼 기조연설이 열리는 동안 행사장 바깥에서 참석자들이 강연 모습을 대형 화면을 통해 지켜보고 있다.
사진: 블룸버그

접적으로 표현했다. 위안화의 국제화에 대해서는 "중국은 아직 개발도
상국이며 위안화 국제화는 장기적인 일"이라는 말로 피해 갔다.

리 총리의 다보스포럼 방문은 현직 총리로는 2009년 원자바오 총리
이후 6년 만이다. 그만큼 중국 입장에서는 하고 싶은 말을 정교하게 준
비했다. 경제 상황 설명에 앞서 리 총리는 중국은 경제력을 내세워 다른
나라들 위에 군림할 생각은 전혀 없다는 뜻을 밝히기도 했다.

연설문도 처음과 끝에 다보스와 관련된 내용을 포함하는 치밀함을 보
였다. 그는 "스키를 잘 타려면 적절한 속도로 균형을 유지하며 용기가 있

어야 한다"며 "이것이 바로 중국이 경제 분야에서 추구하는 바"라는 비유를 썼다.

올해 다보스포럼에 참석한 대부분의 중국계 인사들이 내놓은 중국 경제에 대한 전망도 리 총리의 설명과 일맥상통했다. 주민 IMF 부총재는 매일경제신문과 인터뷰하면서 중국의 성장률 하락은 둔화가 아니라 조정이라고 강조했다. 그는 중국이 앞으로 소비와 서비스 분야에서 견고한 성장을 위한 기반을 마련하는 기회가 될 것이라고 덧붙였다. 주 부총재는 오히려 "중국의 투자가 1% 감소하면 한국 GDP가 0.3% 감소한다"며 중국을 걱정할 때가 아니라 한국이 더 주의해야 한다고 경고했다. 앞으로 5~7년 사이에 투자가 7~10% 감소하는 충격파에 대비해야 한다는 것이다. 저우샤오촨 중국 인민은행장도 "저유가는 중국 경제에 긍정적으로 작용할 것"이라며 중국 경제 옹호에 동조했다.

익명을 요구한 외국 기업 최고경영자는 매일경제신문과 인터뷰하면서 "중국이 어렵다는 말은 안 들어 본 해가 없었다"며 "그래도 여전히 가장 성장이 빠른 곳이 중국"이라고 설명했다.

Chapter 3

우리는 스파이가 아니다

전 세계를 상대로 유화적인 제스처를 취하는 중국의 모습은 포럼 곳곳에서 확인됐다.

리 총리가 '전 세계와 협력하는 일원으로서의 중국'을 먼저 외쳤고 뒤를 이어 개별 중국 기업인들이 '친구'로서 중국 기업의 이미지를 어필하려고 노력했다.

대표적인 인물이 런쩡페이 화웨이 회장이다. 런쩡페이 회장에 대한 설명 중 가장 많이 등장하는 단어는 '신비로운mysterious'이다. 공식 석상에 잘 나서지 않고 언론 등과 담을 쌓고 사는 성격 탓에 베일에 싸인 인물로 묘사된 것이다. 또 민간 IT기업인 화웨이를 세계적 수준으로 끌어올렸다는 평가 덕분에 '중국의 이건희'라고 불리기도 한다.

런 회장은 그러나 최근 들어 공식 석상에 나서는 일이 잦아지고 있다. 은둔형 행보로 인한 불필요한 오해를 풀어 보려는 시도로 보인다. 런 회장은 '런쩡페이와의 대화' 세션을 통해 자신의 삶을 담담하게 소개했다.

그가 올해 다보스포럼에서 가장 강조한 것은 "화웨이는 스파이가 아니다"였다. 화웨이는 지난 2012년 미 하원 정보위원회가 낸 보고서에서 "(미국의 안보를) 위협할 수 있고 신뢰할 수 없는" 조직이란 딱지가 붙었다. 미 하원은 화웨이의 뒤에 인민해방군이 있다고 판단한 것. 이로 인해 화웨이의 미국 통신장비업 진출은 가로막혔다. 스파이란 딱지가 붙게 된 것은 이후 다른 나라 진출에서도 불이익으로 작용했다.

런 회장은 불만을 나타내기보다는 자신과 화웨이의 몸을 낮췄다. 그는 스파이 논란에 대해 "화웨이의 기술력은 조잡해서 스파이 짓을 할 정도가 되지도 않는다. 우리는 단순히 파이프를 만드는 회사고, 정보는 파이프를 타고 흐르는 물과 같다. 우리는 파이프를 타고 흐르는 물을 알고 싶지도, 알 능력도 없다"고 설명했다.

이것만으로 부족하다고 느꼈는지 화웨이의 약점이 될 수 있는 얘기들까지 술술 풀어놨다. 런 회장은 "영국에서 통신 관련 안전조사를 받은 적이 있었는데 당시 해당 관리가 '화웨이 당신네 보안 수준은 너무 낮다'고 말할 정도였다"는 자폭성 발언을 내뱉기도 했다. 화웨이의 기술력이 이처럼 부족한데 어떻게 스파이 짓을 할 수 있느냐는 것이다.

외국 기업들과의 격차에 대한 평가도 쏟아냈다. 미국 기업이 업계 리더의 위치에 한동안 있게 될 것이라는 발언을 비롯해 "화웨이가 발전하던 시기에 외국 기업들을 보면서 많은 것을 배웠다"고 말하기도 했다.

그는 회사의 지배 구조 역시 정부가 끼어들 여지가 없다고 항변했다.

그는 "우리는 중국 기업이고 공산당을 지지하지만 법과 규제에 따라 비즈니스를 할 뿐"이라고 강조했다. 또 "직원들이 주주인 회사로 나 역시도 1.4%의 지분만을 보유할 뿐"이라고 소개했다. 그는 이 부분을 설명하는 과정에서 "화웨이는 중국 공산당과 무관하다", "공산당의 대변인이 아니다" 등등의 발언을 수차례 반복적으로 했다. 미국 시장 재진출과 관련해서는 "미국은 더 이상 우리의 주력 시장이 아니다"는 말로 답을 대신했다.

이날 런 회장은 화웨이가 앞으로 투명성을 높이기 위해서 많은 노력을 기울일 것이란 점을 강조하는 데도 상당한 시간을 할애했다. 그는 "내부에 가장 큰 적이 있다"며 구체적인 로드맵도 제시했다. "5년 내에 회계를 투명하게 만들 것"이라는 선언이었다. 그는 이미 "지난해에만 부정부패 행위에 대한 신문고 제도를 도입해서 4,000~5,000명에 달하는 직원의 잘못을 바로잡았다고 설명했다. 그는 2014년에 전년에 비해 20%가량 늘어난 460억 달러의 매출을 달성할 수 있었던 것도 이 같은 내부 소통의 힘이라고 설명했다.

평소 자신이 언론과의 인터뷰에 나서지 않는 것에 대해서도 해명했다. 그는 "재무 등의 분야에 익숙지 않은데 관련 분야 질문을 받으면 실수를 할까 봐 피했다"고 답했다. 이어 "다보스포럼은 일부 참석자를 대상으로 하는 것이라고 생각해 참석했다"며 "세션이 중계된다는 사실을 알았을 때 취소하려고 했는데 너무 늦었다고 하더라"며 웃었다.

그는 이번 포럼에서 자신의 인생사도 소개했다. 그는 자신이 기업가의 길에 들어서게 된 것을 우연이라고 했다. 군 복무 당시 컴퓨터라는 것을 처음 접했고 이를 계기로 첨단산업에 눈을 뜨게 됐다. 그때까지만 해도 관심 수준이었는데 군에 근무하다가 갑작스럽게 부대가 없어지는 바람에 선전에 가게 됐고 사업가의 길에 들어섰다는 것이다. 갑작스럽게 사업을 시작하다 보니 어려움도 많았다고 한다. 1987년 선전에서 처음으로 사업을 시작했지만 기업가 마인드라고는 전혀 없었다. 당시엔 중국이 아직 자본주의 개념이 희박할 때라 고객이나 공급자 등의 개념도 없었고 수시로 대금을 떼이기 일쑤였다. 그렇게 몇 번의 속임을 당한 후에야 그는 점점 경제와 경영에 대해서 눈을 뜨게 됐다고 한다. 당시엔 돈도 없고 공장도 없던 시절이라 런 회장은 중개 업무를 주로 했다. 그러다 점차 제품 생산까지 확장을 하게 됐고 사세를 키우게 됐다는 것.

런 회장은 최대한 자신의 몸을 낮추며 화웨이를 염려할 필요가 없다고 강조했다. 그러나 이미 화웨이의 기술력은 세계 최고 기업들을 위협할 수준으로 올라서고 있다. 3월에 열린 '2015 모바일월드콩그레스MWC'에서도 5G 기술을 선보이며 주목을 끌기도 했다.

이는 비단 화웨이만의 얘기는 아니다. 이미 중국 기업들은 기술 면에서도 세계 최고 수준의 기업들과 얼추 비슷한 수준까지 올라섰다. 물론 중국 기업들의 기술력이 최고 제품을 가장 먼저 출시할 정도에 이르지 못한 것은 사실이다. 그러나 첨단 제품이 출시된 후 비슷한 수준의 제품을 중국 기업이 만들어 내는 데까지 걸리는 시간은 점차 줄고 있다.

사정이 이렇다 보니 다른 나라와 기업들의 견제가 심해지는 것도 사실. 중국 기업과 기업인들이 더욱 몸을 낮추고 있는 것도 이 때문이다. 대표적인 사례가 런 회장인 셈이다.

그러나 중국 기업들이 언제까지 허리를 숙이고만 있지는 않을 것이란 점은 모두가 알고 있다. 다보스에서 만난 한덕수 무역협회장(당시)은 이미 중국 기업들의 고민이 한국 기업들과 다를 것이 없다고 염려했다. 한 회장은 저우샤오촨 인민은행 총재의 세션 발언을 전했다. "중국 기업들의 고민거리로 혁신적 고부가 제품 개발, 단순 생산은 해외로 이전하고 중국 기업이 브랜드 및 디자인을 담당해야 한다"는 것이 저우 총재의 발언이었다. 한 회장은 "이제 한국 기업들과의 격차는 사실상 사라졌다고 보고 대응책을 마련해야 할 것"이라고 조언했다.

Chapter 4

마윈, 다보스를 홀리다

"내가 세계 최고의 부자가 된 것은 사회가 내게 준 신뢰 덕분이지 내 돈 때문이라고 생각하지 않는다."

1999년 자신이 창업한 알리바바가 지난해 뉴욕증권거래소에 상장하면서 아시아 최고 부자 중 한 사람이 된 마윈 알리바바그룹 회장은 자신의 부에 대해서 이렇게 설명했다.

올해 다보스에서 가장 많은 화제를 불러 모은 인물은 마윈 알리바바 회장이었다. 162㎝의 키에 비쩍 마른 체구였지만 그의 말에는 힘이 있었고 메시지가 있었다. '마윈과의 대화' 동영상은 다보스포럼이 꼽은 '올해 포럼의 동영상' 리스트에도 포함됐을 정도다.

그는 '마윈과의 대화' 세션에서 "하버드대에 10번 지원해 10번 떨어졌고 경찰에도 지원했는데 5명 중 떨어진 한 사람이 바로 나였다"면서 "실패를 두려워하지 않는 것이 또한 나"라고 말했다.

사실 알리바바의 성공도 쉽지 않았다. 마윈 회장은 "처음 3년간은 수

다보스포럼 '마윈과의 대화' 세션 사진.   사진: 블룸버그

익이 하나도 없었다"면서 "고객이 조금씩 늘어나던 중 어느 날 알리바 바의 영향력을 느낄 수 있는 사건이 있었다"면서 일화를 소개했다. 한 식당에서 저녁을 먹고 계산을 하려고 하는데 식당 주인의 말이, 다른 사 람이 계산을 하고 갔다는 것이다. 그는 쪽지를 하나 남겼는데 '나는 알 리바바의 고객인데 당신은 돈을 못 버는 걸 아는데 나는 당신 덕에 돈을 많이 벌어서 고마워 대신 계산했다'고 적혀 있었다.

그는 세계 최대 전자상거래 기업으로 떠오른 알리바바의 향후 15년을 생각하면 지금은 '아기baby'에 불과하다고 엄살을 떨었다. 마 회장은 "나의 비전은 알리바바가 글로벌 기업이 되서 전자 세계의 세계무역기구wTO 가 되는 것"이라면서 "중국을 벗어나 20억 명의 고객과 1,000만 개의 중 소기업을 돕고 싶다"고 밝혔다.

마 회장은 매일 1억 명의 고객들이 알리바바를 방문하며 직간접적으 로 1,400만 개의 일자리가 알리바바를 통해서 창출되고 있다고 밝혔다. 18명으로 시작한 회사는 지금 3만 명의 직원이 일하고 있다. 알리바바의 지난 3분기 매출은 168억 2,900만 위안(약 2조 9,200억 원), 순이익은 68 억 800만 위안(약 1조 1,800억 원)에 달한다. 마윈 회장은 알리바바 지분 6.3%를 보유해 총 재산은 286억 달러(약 31조 5,100억 원)에 달한다.

그는 유럽과 미국 기업들이 중국 소비자들에게 판매를 할 수 있도록 돕고 싶다면서 노르웨이 기업이 지구 반대편인 아르헨티나에서 물건을 파는 것과 비슷하다고 말했다.

4분기 중국 내 판매총액(GMV)	4분기 액티브 유저(1회 이상 구매)
1,270억 달러 전년 대비 49% 성장	3억 3,400만 명 미국 인구보다 많음 전년 대비 45% 증가

자료: 알리바바

그는 "15년 후에는 전자상거래의 개념이 잊혀 소비자들은 이를 전기와 같은 일상적인 개념으로 생각하게 될 것"이라고 예견했다.

그는 자신의 영어이름이 '잭'이 된 이유에 대해서도 소개했다. 항저우 출신인 마윈 회장은 관광 가이드를 하면서 영어를 배웠는데 펜팔 친구인 미국 테네시 여성의 아버지 이름을 딴 것이라고 했다.

미국 공영 TV PBS의 간판 프로그램 진행자인 찰리 로즈와의 대담을 듣기 위해 사람들이 구름 같이 몰려들었다. 델컴퓨터 창업자인 마이클 델, 켄 알렌 DHL CEO 등이 그의 세션을 들었고 창업자 노벨상 수상자인 에드문드 펠프스 교수마저 그를 만나기 위해 줄을 서서 기다렸다.

마윈 회장은 2001년 젊은 리더로 다보스에 처음 초청받았고 2008년을 마지막으로 한동안 다보스를 찾지 않았다. 그는 7년 만에 다보스를 찾은 것에 대해 "이제 나도 젊은 리더들에게 말해 줄 것이 생겼기 때문"이라고 말했다.

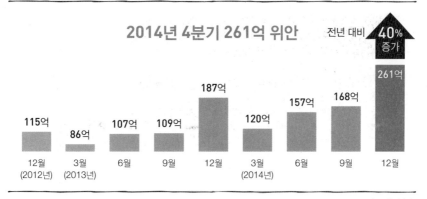

알리바바 분기별 매출   (단위: 위안)

2014년 4분기 261억 위안   전년 대비 **40% 증가**

115억   86억   107억   109억   187억   120억   157억   168억   261억

12월 (2012년)   3월 (2013년)   6월   9월   12월   3월 (2014년)   6월   9월   12월

자료: 알리바바

　많이 알려진 듯 싶지만 또 의외로 잘 알려지지 않은 마윈의 인생 이력만 봐도 만만치 않은 삶의 단면을 볼 수 있다. 1964년 항저우에서 태어난 마 회장은 1982년에 고등학교를 졸업했다. 대학입학시험을 쳤지만 수학 1점을 받아 낙방한다. 이듬해엔 수학 점수가 19점으로 뛰었지만 대학 낙방을 피할 수는 없었다. 다음 해인 1984년에 수학 점수 79점을 받으며 드디어 대학에 입학한다. 현재의 항저우사범대학이다. 1888년 항저우사범대를 졸업(영어 전공)한 후엔 항저우 전자과기대에서 영어 강사로 사회생활을 시작했다. 영어와 함께 국제무역을 가르치기도 했다. 1995년까지 영어 강사로 일했지만 직장만 다닌 것은 아니었다. 1991년 번역회사를 설립해 사업가로 변신을 시도했다. 그러나 이 당시 사업은 잘 굴러가지 않았다. 당시 그의 방 값이 월 2,000위안에도 미치지 못하는 월 700위

안(약 12만 원) 정도였다. 그러나 이 시기 번역회사에서 맺은 인연들이 후일 그의 미래를 결정짓게 되는 인터넷과의 접점을 만들어 준다. 당시 그가 번역 업무를 도와주던 기관에서 투자자 모집을 위해 미국을 방문하게 되면서 마 회장이 동행하게 된 것. 1995년 미국 출장에서 인터넷을 접한 뒤로 그의 인생은 180도 달라졌다. 중국으로 돌아온 뒤 영어 강사 자리를 박차고 나와 기업들의 웹페이지를 만드는 '차이나 옐로 페이지China Yellow Page'란 회사를 세웠다. 이후 3년간 약 500만 위안을 벌어들였다. 그러다 중국 정부의 대외경제무역합작부 산하의 중국 국제전자비즈니스센터에서 일하며 중국 인터넷 상거래시장을 개발하기도 했다. 베이징에서 큰 꿈을 펼쳐 보리란 계획은 그러나 2년도 채 안 돼 접어야 했다. 그러나 다시 돌아온 고향 항저우에서 옛 친구들과 함께 알리바바를 창업하며 마윈의 성공 신화가 시작됐다.

Chapter 5

'마윈과의 대화' 전문

한국에서도 인기가 높은 마 회장의 생각을 제대로 전달하기 위해 그의 발언 내용을 전문 그대로 번역해 전달한다. 전체 동영상(영어)을 보고 싶다면 세계경제포럼이나 유튜브 등에서 확인할 수 있다. 마윈과의 대화는 미국 PBS의 간판 프로그램인 〈찰리 로즈 쇼〉를 진행하는 찰리 로즈의 사회로 진행됐다.

◉ 다보스포럼에는 오랜만에 돌아온 것으로 안다.

다보스에 마지막으로 온 게 2008년이니까 7년의 공백이 있었다. 2001년에 '젊은 세계 지도자' 프로그램에 참가하면서 처음 왔다. 그 당시에는 다보스에 대해 아는 것이 없었다. 처음 스위스에 왔는데 많은 젊은이들이 시위 중이었다. 무서운 광경이었다. 뭘 하느냐고 물었더니 '반세계화' 운동을 한다고 했다. 세계화는 좋은 건데 왜 반대하나 생각했다. 이후로 2시간여에 걸쳐 다보스까지 오는 동안 기관총도 보이고 검문도 있고 해

마 회장이 2014년 9월 뉴욕 증시 상장식에 앞서 뉴욕증권거래소 앞에서 회사 임원진들과 기념 촬영을 하고 있다.

사진: 블룸버그

서 포럼에 가는 건지 감옥에 가는 건지 의아해 했던 기억이 난다. 그래 도 다보스에 와서 참 많은 것들을 배울 수 있어서 흥분됐다. 첫 3~4년 동 안은 세계화, 기업 시민의식, 사회적 책임 등 모든 개념에 대해 배웠다. 많은 훌륭한 연사들의 리더십에 대한 얘기를 듣고 많은 것을 배웠다. 그 러다 금융 위기가 터졌고 회사에 매진해야겠다고 생각했다. 왜냐하면 우리는 절대 말로 문제를 해결할 수 없기 때문이다. 그렇게 7년의 시간

마윈 회장이 2월 1일 홍콩에서 열린 한 포럼에 참석해 웃고 있다. 마 회장은 이날 10억 홍콩 달러(약 1,420억 원) 상당의 스타트업 지원 펀드 설립 계획을 밝혔다.
사진: 블룸버그

이 지났고 이제는 내가 이곳에서 또 세상에서 받은 것을 되돌려 줄 때가 왔다고 생각해서 돌아왔다. 14년 전에 나도 많이 배웠으니 지금의 젊은 세계 지도자들에게 우리가 어떤 경험을 했는지 공유하지 않을 이유가 없다. 이게 다보스로 돌아온 이유다.

Q 지금 알리바바그룹의 규모는 얼마나 되나? 얼마나 많은 사람들이 매일, 매주 방문하고 얼마나 빨리 성장하고 있나?

매일 1억 명 이상의 구매자들이 방문하고 있다. 알리바바는 중국에서 직간접적으로 1,400만 개의 일자리를 창출해 냈다. 내 아파트에서 18명으

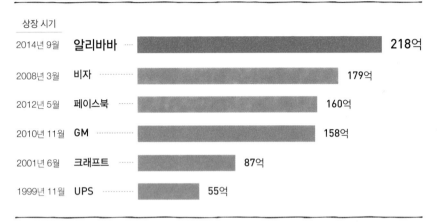

상장 시기

2014년 9월	알리바바	218억
2008년 3월	비자	179억
2012년 5월	페이스북	160억
2010년 11월	GM	158억
2001년 6월	크래프트	87억
1999년 11월	UPS	55억

* 미국 증시 상장 기준   자료: 포브스

로 시작해 현재 4개의 큰 캠퍼스(단지)에 13만 명의 직원이 일하고 있다. 15년 전과 비교하면 매우 커졌지만 15년 후와 비교하면 아직 아기일 뿐이다. 15년 전에 무無에서 이만큼 성장했지만 15년 후엔 사람들이 알리바바나 타오바오라는 사이트를 의식하지 않기를 바란다. 자연스럽게 녹아들길 바란다는 얘기다. 15년 전에 전자상거래에 대해서 말을 할 때 사람들이 전기처럼 느끼길 바란다고 말했다. 오늘날 아무도 전기가 첨단 기술이라고 생각하지 않듯이 15년 후에는 사람들이 전자상거래에 대해서도 '왜' 혹은 '어떻게'라는 질문을 하지 않기를 바란다.

알리바바 그룹사

	중국		국제	
소매	타오바오	C2C 온라인 마켓 플레이스	알리익스프레스	글로벌 B2C/C2C 온라인 마켓 플레이스
	티몰	B2C 온라인 마켓 플레이스		
	주화수안	공동구매형 온라인 마켓 플레이스		
도매	1688닷컴	중국 내수 B2B 온라인 마켓 플레이스	알리바바	글로벌 B2B 온라인 마켓 플레이스
전자 상거래	알리페이	제3자 온라인 결제 시스템		
	차이냐오	제4자 물류 시스템(SCM) 제공		
	알리마마닷컴	온라인 판매자 대상 마케팅 서비스 제공		
	알리윈	알리바바 클라우드 컴퓨팅 플랫폼		

자료: 플래텀

Q 최근에 기업공개(주식시장 상장)를 마쳤다. 기대 이상 아니었나?

에이 뭐, 작은 IPO였다. 250억 달러.

Q 그게 역사상 가장 큰 규모의 IPO였다.

2001년에 미국에서 300만 달러인가 500만 달러인가의 벤처 자금을 지원받으려고 했다. 그게 좀 더 커진 것뿐이다. 알리바바는 지금 250억 달러를 어떻게 효과적으로 쓸지 고민 중이다. 이 돈은 내 돈이 아니다. 사회가 주는 신뢰다. (나와 알리바바가) 더 일을 잘해서 더 많은 사람을 돕고, 자신들에게도 혜택이 돌아오길 바라는 마음에서 주는 신뢰다. 우리

알리바바 vs 해외 업체

알리바바	사업 분야	해외 업체
알리페이	온라인 결제	페이팔
알리윈	클라우드 서비스	아마존 웹서비스
알리윈 앱스토어	모바일 앱	구글 플레이
알리윈 OS	모바일 OS	안드로이드
오토나비	지도·내비게이션	구글 맵스
주화수안	공동구매	그루폰
칸박스	클라우드 저장	드롭박스
라이왕	모바일 메신저	왓츠앱
리프트, 콰이더	카풀	우버
타오바오	전자상거래(C2C)	이베이
타오바오트래블	여행	오르비츠
티몰	전자상거래(B2C)	아마존
시아미	음악스트리밍	스포티파이
요우쿠, 투더우	비디오스트리밍	후루
위어바오	머니마켓펀드	ING다이렉트

자료: 쿼츠(Quartz)

는 시가총액 상위 15위 기업 중 한 곳이다. 시가총액이 IBM보다 크고 언젠가는 월마트보다 커지겠지만 나는 우리 팀과 나 스스로에게 이게 사실인가 반문했다. 우리는 그만큼 대단하지 않기 때문이다. 몇 년 전에 사람들은 알리바바 모델은 형편없고 돈도 못 벌고 이것도 없고 저것도 없고 아마존이나 이베이, 구글이 낫다면서 알리바바에 대해서는 나쁜 얘기만 했었다. 그 당시에 나는 나 스스로나 사람들에게 우리가 생각보단 괜

찮다고 말했다. 하지만 지금은 반대로 우리는 사람들이 생각하는 것보다 별로라고 말하고 있다. 우리는 그저 15년밖에 안 된 회사다. 우리는 누구도 이전에 시도하지 않았던 것을 하고 있는 것뿐이다.

◉ **고향인 항저우에 알리바바 본사가 있다.**

절대 뿌리를 옮기지 않을 거다.

◉ **60년대에 어린 시절을 보냈다.**

64년도에 태어났다. (웃음)

◉ **어린 시절에 문화대혁명이 있었다.**

맞다. 문화대혁명 시기(1966~1976년)에 어린 시절을 보냈다. 내 할아버지는 해방전쟁국공내전, liberation 이후에 나쁜 사람으로 몰렸던 지주였다. 어렸을 때 많이 힘들었다.

◉ **3번 대학에 들어가려고 했으나 매번 거절당한 것으로 안다.**

아니다. 대학 입시에서 2번 낙제한 거다. 사실 낙제는 정말 많이 했다. 초등학교 필수 시험에도 2번이나 낙방하고 중학교 시험은 3번이나 떨어졌다. 내 얘기를 믿지 않을 거다. 항저우엔 딱 하나 1년제 중학교밖에 없었다. 근데 우리 학교 애들이 너무 성적이 안 좋아서 초등학교에 남아 있다

보니 그 학교가 사실상 중학교가 되어 버렸다.

Q **많이 거절당하고 떨어지는 것이 당신 인생에 어떤 영향을 미쳤나?**

거절당하는 것에 익숙해져야 한다고 생각한다. 현재도 나는 거절을 많이 당한다. 대학교 삼수를 했고 취직하려고 30번이나 노력했는데 다 실패했다. 경찰도 해보려 했는데 안됐고, KFC가 항저우에 왔을 때에도 지원했다. 그때 KFC에 24명이 지원했는데 23명이 고용됐고 나 혼자 떨어졌다. 경찰도 5명이 지원했는데 4명이 채용되었고 채용되지 않은 한 명이 나였다. 하버드대에도 지원했는데 10번이나 떨어졌다.

Q **하버드대에 지원했는데 10번이나 떨어졌다고 했다.**

그렇다. 그래서 언젠가 하버드에 가르치러 가야겠다고 생각했다.

(마 회장은 실제로 지난 2004년 하버드대에서 강연을 했다.)

Q **리처드 닉슨이 항저우를 방문한 뒤로 미국 여행객들이 많이 늘었고 그때 영어를 배웠다고 들었다.**

이유는 모르겠지만 12~13살 무렵부터 갑자기 영어에 큰 관심을 가지게 됐다. 당시에는 영어를 배울 수 있는 곳이 없었다. 영어 책조차 없었다. 그래서 외국인 방문객들이 묶는 도시 안의 유일한 호텔에 갔다. 9년 동안 매일 아침 나는 외국인들의 무료 가이드 역할을 하며 그들과 대화했다. 이 경험이 나를 바꿨다고 생각한다. 나는 100% '메이드 인 차이나'다. 단 하루도 중국에서 벗어난 적이 없었다. 사람들이 왜 그렇게 영어를 하는지, 어째서 가끔 서양인처럼 말하는지에 대해 물을 때가 있다. 내 생각엔 그 9년에 이유가 있다고 생각한다. 그 외국인 관광객들 덕분에 나는 세상에 눈을 뜨게 됐다. 그들이 말했던 모든 것이 내가 학교와 부모님에게서 배웠던 것들과는 굉장히 달랐다. 그래서 지금은 무엇을 보고 무엇을 읽든 2분 동안 생각하는 습관이 생겼다.

◉ 영어 이름인 잭 마(Jack Ma)로 잘 알려져 있다.

테네시에서 온 관광객과 펜팔친구가 됐는데 '마윈'은 발음하기 너무 어렵다면서 영어 이름이 있는지 물어보더라. 없다고 하나 지어 달라고 했더니 자기 아버지와 남편의 이름이 잭이라면서 잭이 어떻겠냐고 물었다. 나는 좋다고 했고 여태껏 그 이름을 계속 사용하고 있다.

◉ 1995년에 미국에 처음 갔나?

1995년 중국의 한 지자체 관료들이 고속도로 건설을 위해 미국에 출장을 가는 길에 동행했다.

◉ 그때 인터넷을 접했다고 들었다.

시애틀에 있는 US은행이 있던 빌딩에서 인터넷을 접했다. 아직도 그 빌

딩이 거기 있는지는 모르겠지만 그 빌딩에서 친구는 이 방의 10% 정도 크기밖에 안 되는 아주 작은 사무실을 열었다. 그리고 거기에는 많은 컴퓨터가 있었다. 친구가 이게 인터넷이라고 말했는데 나는 인터넷이 뭐냐고 물었다. 그는 뭐든 검색해 보라고 했다. 그때는 '모자이크'를 사용했는데 굉장히 느렸다. 처음에는 싫다고 했다. 왜냐하면 중국에서 컴퓨터가 굉장히 고가였는데 만약 망가뜨리기라도 하면 변상하지 못할까 걱정이 됐던 거다. 그런데 친구가 그냥 검색해 보라길래 나는 첫 검색으로 '맥주beer'를 쳐 봤다. 스펠링이 쉬워서 그랬는지 어쨌는지 이유는 모르겠지만 어쨌든 그랬다. 그랬더니 독일 맥주, 미국 맥주, 일본 맥주 등이 다 나오는데 중국 맥주는 없었다. 그래서 두 번째 단어로 '중국China'을 검색해 봤다. 아무런 결과도 나오지 않았다. 아무 것도 나오지 않았다. 그래서 친구에게 중국에 관한 뭔가를 만드는 게 어떻겠냐고 제안했다. 그래서 우리는 굉장히 볼품없고 못난 웹페이지를 만들었다. 중국에 관한 거였는데 내가 뭔가를 써서 올렸다. 웹페이지를 오전 9시 40분에 만들었는데 그날 정오, 정확히는 12시 30분쯤에 친구에게서 전화를 받았다. 5통의 이메일을 받았다고 했다. 그래서 나는 '이메일은 또 뭐냐'고 물었다. 사람들은 굉장히 흥분했다. 어디 있느냐, 중국에 관한 웹사이트를 처음 봤다, 같이하면 안 되겠냐 등을 묻더라. 이게 굉장히 흥미롭게 느껴졌다. 그래서 이걸 해야겠다 싶었다.

◉ 왜 알리바바란 이름을 택했나?

처음 시작할 때 인터넷은 세계적global이니까 우리도 뭔가 흥미롭고 글로벌한 이름이 필요하다고 생각했다. 그때 당시에 최고의 이름은 야후였다. 나는 며칠 동안 이름에 대해 고민했는데 갑자기 든 생각이 알리바바가 좋은 이름 같았다. 샌프란시스코에서 점심을 먹을 때였는데 웨이트리스가 다가오길래 알리바바를 아냐고 물었더니 안다면서 '열려라 참깨'를 외쳤다. 식당을 나와서 지나가는 10~20명의 사람들에게 물었다. 그랬더니 '40인의 도적', '열려라 참깨' 등 다 알고 있었다. 그래서 좋은 이름이라고 생각했다. 게다가 A로 시작하기 때문에 어지간한 순서에서는 알리바바가 첫 번째에 온다는 것도 좋았다.

◉ 전에, 중국 사람들은 얼굴을 보고 하는 사업에 익숙해서 알리바바를 성공시키려면 신뢰를 만들어야 한다고 말했다. 어떻게 신뢰를 쌓았나?

인터넷으로 사업을 시작했기 때문에 나도 고객을 모르고 고객도 나를 모른다. 그렇기 때문에 신뢰가 없으면 온라인으로 뭔가를 하기 어렵다. 전자상거래에 있어서 가장 중요한 점이 바로 신뢰다. 미국에 처음 자금을 구하러 갔을 때 많은 벤처 캐피털리스트들이 '어떻게 중국이 인터넷으로 비즈니스를 하겠냐'며 안 된다고 했다. 나 역시도 신뢰 없이는 사업을 하는 게 불가능하다는 것을 깨달았다. 과거 14년 동안 우리가 했던 모든 것은 신뢰를 쌓기 위한 일이었다. 나는 굉장히 자랑스럽다. 오늘날 중국뿐만 아니라 세계는 서로를 신뢰하지 않는다. 정부, 사람들, 미디어 등 모두가 서로 의심한다. 하지만 알리바바에서는 매일 1,600만 거래가 이뤄지고 있다. 사람들은 서로를 모르지만 서로 거래를 한다. 이게 신뢰다. 우리는 최소한 1,600만 규모의 신뢰를 매일 이뤄 내고 있는 것이다.

◯ 알리바바는 처음에 에스크로(Escrow)제도를 활용했다.

맞다. 에스크로 서비스는 알리페이라고 한다. 매우 큰 결정이었다. 처음 3년간 알리바바는 정보를 알리는 게시판 정도에 불과했다. 당신은 이걸 가지고 있고 나는 이걸 가지고 있고 서로 얘기는 많이 오가지만 정작 비즈니스는 이뤄지지 않는 것이었다. 지불 시스템이 없기 때문이다. 은행들과 이야기해 봤지만 이건 절대 안될 거라면서 그 어떤 은행도 하고 싶어 하지 않았다. 어떻게 해야 할지 몰랐다. 결제 시스템을 안 만들면 거래가 안 되고 만들자니 면허가 없고. 그때 다보스에 와서 리더십 관련 토론을 들었다. '리더십은 책임이다'란 얘기를 듣고 중국에 전화를 걸어 지금 당장 하라고 했다. "신뢰 구축을 위해 누군가 감옥에 가야 한다면 내가 가겠다. 대신 네가 제대로 하지 않는다면 내가 너를 감옥에 보내겠다"라고 말했다. 사람들은 좋아하지 않았다. 그때 당시 많은 사람들이 내가 알리페이에 대해 말하면 내가 가진 아이디어 중 가장 멍청한 아이디어라고 말했다. 그러나 지금은 8억 명의 사람이 알리페이를 사용하고 있다.

◯ 알리페이는 개인 소유로 알리바바와는 따로 운영되고 있다. 정부로부터 금전적인 도움을 받은 적이 전혀 없나?

처음에는 정부 지원금을 받고 싶었지만 지금은 생각이 바뀌었다. 기업이 정부로부터 자금을 얻을 생각만 한다면 그 기업은 형편없어진다고 본다. 고객, 시장으로부터 돈을 만들고 고객들이 성공할 수 있게 돕는 것이 우리 철학이다.

◯ 중국 금융기관에서도 전혀 받은 적이 없나?

한때는 간절히 원했다. 그러나 지금은 그들이 준다고 해도 안 받을 거다.

◯ 중국 정부가 알리바바를 위해 경쟁이 없는 시장을 만들어 줬다는 말도 있다.

나는 1997년에 14개월간 정부 기관인 대외무역부에서 아르바이트를 했다. 그때 정부와 연계되면 전자상거래는 절대 안 된다는 것을 배웠다. 사업을 시작할 때 팀원들에게 "정부를 존중하고 그들과 사랑에 빠지되 결혼은 하지 말라"고 강조했다. 다만 인터넷이 어떻게 도움을 줄 수 있는가에 대해 정부와 소통하는 것은 기회이자 의무라고 생각했다.

◯ 중국 정부에서 요청을 받거나 하지는 않았나?

정부에서 프로젝트를 요청하면 싫다고 했다. 적당한 사람을 소개해 줄 수는 있다고 했다. 계속 하라고 해서 했지만 보수를 받지도 않았고 다음부터는 안 했으면 한다고 말했다. 그러나 최근엔 몇 가지 일을 한다. 예를 들어 매년 춘지(설날에 해당)에 기차표 예매가 아주 전쟁이다. 5년간 매년 예매 시스템이 다운됐다. 그래서 우리 팀원들을 보내서 무보수로 도와주라고 했다. 많은 사람들이 고향에 가고 싶어하는데 이건 돈을 버는 일도 아니고 정부 일도 아니고 단순히 많은 사람을 위한 것이라고 생각했다. 이제 사람들은 눈 오는 밤에 표를 사겠다고 줄을 서서 기다릴 필요가 없다. 핸드폰이나 온라인만 있으면 된다.

◉ 제리 양이 알리바바에 10억을 투자했다. 야후에겐 굉장히 좋은 투자였다. 이후로도 계속 중국 바깥에서 투자자를 모았다.

모든 투자자들에게 고맙다. 1999년, 2000년 그리고 야후의 시대에도 사람들은 잭은 미쳤다고 말했다. 야후 같은 미국 모델은 이미 완성이 되어서 많은 벤처 투자자들이 나섰다. 그러나 우리 같은 모델은 없던 때라 잭이 미친 소리를 한다고 했다. 내가 기억하기에 처음 〈타임〉지에서 나를 '미친 잭crazy Jack'이라고 불렀다. 나는 미친다는 것은 좋은 거라고 생각한다. 미쳤지만 뭘 하는지 알고 있으니 멍청하진 않은 거다. 만약 모두가 나의 아이디어가 좋다고 생각한다면 우리에게 기회는 없다. 그래서 더 모든 투자자들에게 감사하고 있고 우리에게 투자했던 사람들이 많은 돈을 버는 것이 자랑스럽고 영광이라고 생각한다.

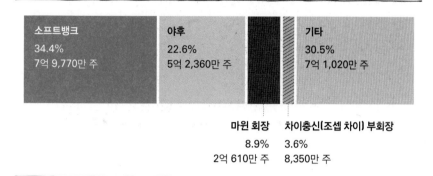

알리바바 지분 구조

소프트뱅크	야후		기타
34.4%	22.6%		30.5%
7억 9,770만 주	5억 2,360만 주		7억 1,020만 주

마윈 회장   차이충신(조셉 차이) 부회장
8.9%   3.6%
2억 610만 주   8,350만 주

자료: 미국증권거래소

지금 미국은 개인정보보호가 뜨거운 감자다. 만약 중국 정부가 알리바바의 파일을 보고 싶다고 한다면 어떻게 하겠는가?

지금까지는 중국 정부에서 그런 요청은 없었다. 국가 보안이나 테러 방지, 범죄에 관해서는 협조할 것이다. 그 외 사안에 대해서는 안 된다고 할 거다. 우리는 기업이고 기업에게 데이터는 굉장히 중요하다. 아무에게나 준다면 그건 재난이 될 것이다. 100년 전에는 사람들이 돈을 은행에 넣기보다 베개 속에 넣어 두려 했다. 하지만 오늘날 은행은 당신이 돈을 가지고 있는 것보다 더 안전하게 보관하는 방법을 알고 있다. 보안과 프라이버시 문제에 관한 해결책은 우리가 갖고 있지 않다. 하지만 나는 젊은이들이 그 해답을 가지고 있다고 생각한다. 10~20년 후에 그들이 돌파구를 찾을 수 있을 거라고 확신하고 있다.

◯ 불가능한 것은 없다고 말하는데 어떻게 그런 생각을 가지게 됐나?

어렸을 때는 모든 것이 가능하다고 믿었다. 하지만 지금은 모든 것이 가능하지는 않다는 것을 안다. 우리는 고객, 사회, 직원, 주주 등 많은 것들에 대해 고려해야 할 때가 있다. 그래도 뭐든 열심히 한다면 가능성은 있다고 본다. 처음 5년엔 그저 살아남으려고 노력했다. 몇 년이 지난 후에 많은 이들의 삶이 바뀐 것이 흥미진진했다. 첫 3년 동안 수익은 0이었다. 그래도 우리는 행복했다. 저녁 먹으러 식당에 가면 누군가 밥값을 계산하는 경우가 많았다. 한번은 베이징 샹그릴라호텔에서 택시를 잡았는데 문 앞에 있던 한 소년이 차문을 열어주면서 알리바바 덕에 자기 여자친구가 돈을 많이 번다고 고맙다고 했다. 뭐든 하지 않으면 아무것도 가능하지 않다. 뭔가를 하려고 한다면 최소한 희망은 있는 거다.

◯ 광고로부터 많은 수익을 내고 있지 않나?

거래와 광고 수수료 등은 모두 굉장히 적다. 그래서 우리에겐 매우 많은 대중이 필요하다. 현재 100만 소기업이 우리 사이트에서 물건을 팔고 있다. 알리바바의 거래 규모는 월마트 다음으로 크다. 매 거래마다 부과하는 수수료는 적어도 다 모이면 큰돈이 된다. 5년 전 월마트 고위 관리가 항저우에 왔을 때 나는 10년 후에는 우리가 월마트보다 커질 거라고 말했더니 그 사람이 꿈이 크다고 했다. 하지만 그건 모르는 일이다. 우리가 10년 후에 판매에서 앞설 수도 있다고 생각한다. 만약 월마트가 1만 명의 새

고객을 원한다면 새 창고며 뭐며 여러 가지가 필요하지만 우리는 두 가지 서비스만 있으면 가능하다.

◯ 당신이 궁극적으로 원하는 바는 무엇인가?

알리바바를 처음 시작하던 날 소기업들이 조금 더 쉽게 사업을 하게 만들자는 임무mission를 정했다. 오늘날에는 수많은 소기업들이 알리바바 플랫폼을 이용해 판매를 하고 있다. 3억 명이 넘는 고객들이 우리 사이트에서 물건을 사고 있고. 내 꿈은 노르웨이에 있는 소기업들이 아르헨티나에 물건을 팔고, 아르헨티나 사람들이 온라인으로 스위스의 물건을 살 수 있게 만드는 거다. 말하자면 E-WTO를 만드는 거다. WTO는 훌륭했다. WTO는 많은 대기업의 해외 거래를 돕는다. 인터넷은 소기업들이 바다 건너 해외로 물건을 팔 수 있도록 돕는다. 우리의 바람은 우리가 20억 고객을 상대하는 거다. 우리는 중국 바깥의 100만 소기업들을 도울 수 있다.

◯ 중국 바깥?

그렇다. 작년에 미국 대사가 온 적이 있다. 워싱턴주 체리 판매를 도와달라고 했다. 그래서 같이 한번 해보기로 했다. 아직 따지도 않은 체리를 판매했다. 사전 주문을 받아서 8만 5,000명이 체리를 주문했고 48시간 안에 중국 가정으로 배달됐다. 사흘 후에 우리는 항의 메일을 많이 받았다. 왜 100톤밖에 안 팔았냐는 거다. 두 달 전엔 코스트코를 통해서 300톤의 견

과류를 중국에 팔았다. 알래스카의 해산물도 중국에 팔았다. 이런 식으로 중국, 아시아, 개발도상국의 20억 고객들이 전 세계에서 물건을 살 수 있게 만드는 게 내 꿈이다.

ⓞ 알리바바는 러시아에서 많은 돈을 벌어들이고 있다.

러시아와 브라질에서 좋은 성과를 내고 있다. 러시아 같은 경우 우리가 전자상거래 몇 위인지는 모르겠지만 변화를 만들고 있다. 작년에 우리는 러시아에서 캠페인을 하나 했는데 러시아 물류시스템이 마비될 정도였다. 2년 전에는 러시아에 있는 소녀가 중국에서 물건을 사려면 넉 달이 걸렸다. 그런데 작년에는 우리가 이벤트를 시작한 지 일주일 만에 러시아 물류시스템이 마비됐다.

ⓞ 할리우드에도 관심이 많나?

나는 할리우드의 혁신을 좋아한다. 많은 것을 배웠다. 특히 〈포레스트 검프〉 같은 영화는 정말 좋아한다.

ⓞ 왜 〈포레스트 검프〉 같은 영화를 좋아하나?

단순하고 절대 포기를 모르기 때문이다. 사람들은 그를 바보라고 생각하지만 그는 스스로 자신이 무얼 하는지 안다. 2002년인가 2003년에, 아니 그 전에 내가 인터넷 사업에 관한 길을 찾을 수 없을 때 굉장히 침울해졌다. 그

때 〈포레스트 검프〉를 봤다. 그를 봤을 때 나는 바로 이 사람이다라고, 이 남자로부터 배워야겠다고 생각했다. 자신이 하는 일을 믿고 사람들이 좋아하든 좋아하지 않든 자신의 일을 사랑하는 단순함이 인상 깊었다. 나는 '인생은 초콜릿 상자와 같은 것. 무엇이 펼쳐질지 모른다'는 구절도 좋아한다. 내가 이렇게 당신, 찰리 로즈에게 말을 하고 있게 될 거라고는 상상도 못했다. 하지만 오늘 나는 그걸 하고 있다. 15년 전 나는 내 아파트에서 팀원들에게 우리 스스로가 아닌 젊은이들을 위해 열심히 일해야 한다고, 우리가 성공하면 80%의 중국 젊은이들이 성공할 수 있다고 말했다. 우리는 부자 아버지도, 권력이 있는 삼촌도 없고 은행에서 단 1달러, 정부에서 단 1센트도 받을 수 없지만 우리는 그저 팀으로서 일해야만 한다고 말했다.

◉ 요즘 걱정거리는 뭔가?

오늘날 많은 젊은이들이 희망과 비전을 잃고 불평하기 시작하는 것에 대해 걱정이 크다. 우리는 같은 시기를 겪었다. 그렇게 많은 사람들에게 거절당하는 건 좋은 기분이 아니다. 우리는 많이 우울했다. 그러나 시간이 흐르면서 세상에는 많은 기회가 있다는 것을 알게 됐다. 어떻게 세상을 바라보고 기회를 잡느냐는 자신에게 달려 있다.

◉ 할리우드에 사업을 계획하고 있지 않나?

나는 사업차원에서 영화를 만들고 싶다. 우리는 전자상거래 회사이고 물류시스템이 필요한 많은 상품을 가지고 있다. 하지만 영화나 TV(프로그램) 같은 경우는 물류시스템이 필요 없다. 그리고 아마 영화는 중국 젊은 이들을 도와줄 수 있는 가장 최고의 상품일 것이라고 생각한다. 언젠가 친구들에게 미국 영화에는 모든 영웅들이 처음에는 별로지만 나쁜 일이 생기면 그들은 모두 영웅이 되고 마지막엔 모두 살아남는다고 얘기한 적이 있다. 그러나 중국 영웅 영화에서는 모든 영웅이 죽는다. 그래서 아무도 영웅이 되고 싶어 하지 않는다.

○ 요즘도 무협소설을 쓰나?

나는 무협소설을 읽고 쓰기도 한다. 굉장히 재밌다. 무협소설은 현실에서 할 수 없는 것에 대해 생각할 수 있도록 해 주고, 운이 조금 따라 주고 좋은 사부와 함께 열심히 단련하면 달인이 될 수도 있다고 말해 준다. 난 바쁘고 지치거나 좌절했을 때 무협소설을 읽는다.

○ 태극권도 한다고 들었다.

태극권을 정말 좋아한다. 음과 양, 균형의 철학이다. 이베이와 경쟁하고 있을 때 사람들은 이베이를 싫어하느냐고 물었다. 나는 이베이를 싫어하지 않는다. 훌륭한 회사이기 때문이다. 태극권에서 오른쪽으로 공격이 들어오면 오른쪽 어깨를 돌려 피하고 왼쪽으로 공격이 들어오면 왼쪽 어깨를 돌린다. 이런 식으로 엎치락뒤치락하는 것뿐이다. 이런 게 균형이다.

뒤처지면 뛰어오를 수도 있고 그런 거다. 태극권의 철학을 사업에도 적용하고 있다. 침착하게 언제나 돌파구는 있다고 생각하면서 자신의 균형을 잃지 않는 거다. 비즈니스는 즐거운 것이지 서로 죽이고 죽는 관계는 아니라고 생각한다. 상대가 죽어도 내가 이기지 않을 수도 있다.

🔘 세상을 바꾸길 원하나?

세상을 바꾸는 것은 오바마 대통령의 일이다. 내 일은 우리 팀이 행복하게 일하도록 하는 것이다. 그들이 행복하면 고객이 행복하고, 내 고객인 소기업이 행복하면 또 내가 행복해지는 것이다.

🔘 여성이 몇 퍼센트나 되나?

알리바바의 성공 비결 중 하나는 여성 인력을 잘 활용한다는 거다. 2~3달 전에 미국의 여성 저널리스트가 우리 회사에 찾아와선 우리 회사에 굉장히 많은 여성이 있다고 놀랍다는 듯이 말했다. 나는 뭐가 잘못됐냐고 되물었다. 47%의 직원이 여성이다. 과거에는 51%였는데 남자가 많은 다른 회사를 인수하면서 비율이 떨어진 것이다. 관리자 레벨의 33%가 여성이다. 최고경영자 층은 24%가 여성이다. 우리 회사에는 여성 CEO, CFO, CPO 등 수많은 여성 최고경영진이 있다. 21세기에 성공하려면 남을 성공시킬 줄 알아야 한다. 자신보다 남을 더 성공시킬 수 있다면 그 사람은 성공할 것이다. 내 생각엔 여성들이 자기 스스로보다 남을 더 위할 줄 안다.

여성들은 남성들에 비해 아이들이나 남편, 부모님 등 자기 자신보다 남을 더 신경 쓴다. 그리고 친절하기도 하고.

● 중국의 경제 성장 둔화는 염려스럽나?

전혀 그렇지 않다. 9%의 성장 속도를 유지하는 것보다 조금 둔화되는 것이 더 낫다고 본다. 오늘날 중국 경제는 세계에서 두 번째로 크다. 9%의 성장 속도를 유지하는 것은 불가능하다. 만약 중국이 계속해서 9%의 성장 속도를 유지한다면 무언가가 분명히 잘못됐다는 거다. 경제의 질에 더 집중해야 할 때다. 만약 중국의 성장에 영화나 스포츠 등이 포함된다면 더 좋은 성과를 낼 것이다. 인간의 성장과 마찬가지로 몸이 계속해서 커지기만 할 수는 없고 언젠가는 성장이 더뎌진다. 하지만 생각과 문화, 가치, 지혜를 키워 나가야 한다. 내 생각에 중국은 이 시기에 접어들었다고 본다.

● 세계에서 가장 부유한 사람 중 한 사람이고 알리바바는 세계에서 가장 부유한 회사 중 하나다.

지난 3개월간 사람들이 내가 중국에서 가장 부유한 사람이라고 말했을 때 나는 행복하지 않았다.

● 세계적인 유명인이다.

어쩌면 그럴 수도. 15년 전 내 아내는 18명의 창립자 중 한 명이었다. 그때 남편이 부자가 되기를 원하는지 아니면 존경받는 인물이 되기를 원하는지 물었다. 당연히 존경받는 사람이라고 답했다. 왜냐하면 그녀도 나도 우리가 부자가 될 거라고는 생각하지 못했기 때문이다. 우리는 그저 살아남기를 바랐다. 당신에게 100만 달러가 있다면 그건 당신의 돈이다. 그러나 2,000만 달러가 있다면 당신에게 문제가 생기기 시작할 거다. 이것저것 생각해야 할 것들이 생긴다. 만약 당신에게 10억 달러가 있다면 그것은 당신의 돈이 아니다. 그것은 사회가 당신에게 주는 신뢰다. 당신이 그만 한 돈을 관리할 수 있고, 정부나 다른 사람들보다 잘 사용할 수 있다고 생각해서 모인 돈이라고 생각한다. 나는 자원(자금)이 있으니 더 많은 것들을 할 수 있다. 자금이 있고 인프라가 있으면 젊은이들을 위해 더 많은 시간을 투자해야 한다고 생각한다. 언젠가 나는 가르치는 일로 돌아갈 것 같다. 학교로 돌아가서 젊은이들과 시간을 보내고 내가 한 일에 대해 말해주며 공유하고 싶다. 내 돈은 내 소유가 아니다. 그 돈을 갖고 더 나은 일을 하고 싶다.

📍 당신 얘기를 들려주고 싶다고?

그렇다. 내 얘기를 말이다. 내 생각에 30번도 넘게 거절당한 사람은 흔치 않을 거라고 본다. 절대 포기하지 않고 포레스트 검프와 같이 계속 싸워나가며 스스로를 바꾸고 불평하지 않는다. 성공하면 내 탓 실패하면 남 탓이라는 사람들은 절대 성공할 수 없다. 성공이든 실패든 항상 돌아보면서 문제점을 찾아내고 개선하는 사람에게 희망이 있다고 본다.

리커창 총리도 홀린 다보스 풍광

리커창 총리는 다보스포럼 첫날인 21일 바쁜 일정 속에서도 잠시 짬을 냈다. 스위스 알프스 자락인 다보스 주변 경관을 보기 위해서다. 그가 찾은 곳은 다보스 주변에서도 가장 높은 파센의 바이스플루깁펠. 해발 2,844m로 서유럽에서 가장 높은 도시라는 다보스(해발 1,560m)에서도 1,300m가량을 더 올라가야 하는 곳이다.

리 총리 일행은 이곳에 위치한 레스토랑에 들러 커피를 마시며 전경을 감상했다. 리 총리는 이때의 감흥을 자신의 다보스포럼 기조연설에도 녹였다. 리 총리는 "다보스의 산정에서 보는 세상은 너무도 평온했지만 우리의 현실은 그렇지 못하다"는 말로 강연을 시작했다. 리 총리는 연설 말미에 다시 "스키를 타고 내려올 때는 속도, 균형, 용기가 필요한 것처럼 중국 경제 역시 마찬가지"라고 비유하기도 했다.

바쁘기로는 둘째가라면 서러울 중국 총리도 녹일 정도로 다보스의 풍광은 아름답다. 이곳을 찾은 수많은 사람들이 다보스의 풍광 덕에 힐링하고 간다고 할 정도. 다보스 인근에는 5개 봉우리가 있다. 파센, 마드리사, 피스카, 야코프스호른, 리너호른이다. 다

리커창 총리가 파센 정상의 레스토랑을 찾은 모습. 한 관광객의 카메라에 담겼다.

파센의 풍경.

보스를 찾은 관광객들이 많이 가는 곳은 리 총리가 방문한 파센과 맞은편에 있는 야코프스호른이다. 파센의 최고봉은 2,644m, 야코프스호른의 최고봉은 프뤼엘라슈와르츠호른(3,146m)이다. 파센과 달리 야코프스호른은 2,590m까지만 올라갈 수 있다. 파센은 트램을 두 번 갈아타고 케이블카 한 번, 야코프스호른은 케이블카 두 번을 타야 도착할 수 있다. 서로 다른 풍광을 자랑하기 때문인지 두 곳 모두를 방문하는 사람도 적지 않다.

최고 스타가 된 마윈 회장

노벨경제학상 수상자, 전 세계 IT업계를 풍미했던 거인들도 별 수 없었다. 그저 줄을 서서 기다릴 뿐이었다. 전 세계에서 가장 '핫'한 CEO와 사진을 찍으려는 참석자들 틈에서 그렇게 기다려 사진을 찍고는 아이처럼 기뻐했다. 마윈 알리바바 CEO 얘기다.

세션장을 빠져나가던 마윈 회장이 참석자들에 둘러싸여 있다.

다보스포럼 셋째 날인 23일의 주인공은 마윈 알리바바 사장이었다. 대담 형식의 세션인 '인사이트Insight' 강연이 열리는 장소는 다보스포럼 행사장 중에서도 가장 작은 홀인 아스펜2. 원형 무대를 중심으로 좌석 세 줄이 깔린 게 전부다. 50석도 채 안 되는 공간은 사전 등록이 이미 끝난 상태였다. 그러나 지금 전 세계에서 가장 '핫'한 CEO를 만나려는 사람들은 세션 시작 1시간 전부터 강연장에 몰려들었다. 물론 입장은 할 수 없었기 때문에 다보스포럼 사무국은 궁여지책으로 태블릿을 급히 공수해 강연장 바깥에서 기다리는 사람에게 실시간 중계를 해 줬다. 이름만 대면 알만한 인물들이 강연장 바깥에서 태블릿에 의지해 강연을 듣는 모습 자체가 매우 이색적이었다.

유창한 영어로 유머까지 섞어가면서 말하는 마윈의 강의는 울림이 있었다. 이런 식이다. 마 회장은 "초창기에 투자 유치를 위해 미국에 갔을 때 모두 나를 미쳤다고 말했다"면서 "난 미쳤다. 그러나 그게 바보란 뜻은 아니다"고 말했다.

40분가량의 강연이 끝났을 때 그는 기립박수를 받았다. 그리고 수많은 사람들이 그와 사진을 찍고 인사를 하기 위해 기다리면서 퇴장 시간이 10여 분가량 지체되기도 했다. 특히나 여성 팬이 많은 것도 독특했다.

사무국에서 공개한 세션 동영상은 올해 다보스포럼 전체를 통틀어 가장 인기 있는 동영상 리스트에 포함되기도 했다. 다보스포럼 측에서도 마윈의 인기에 편승하고 싶었던 것일까. 다보스포럼 페이스북 페이지는 2월까지도 마윈 동영상을 '혹시 놓치셨을지 몰라'란 핑계와 함께 반복적으로 게시해 네티즌들로부터 '대체 얼마나 더 올릴 것이냐'는 빈축을 사기도 했다.

PART
07

다양성과 지속가능성

Chapter 1

성장 촉매제 기후변화

지난 2014년 9월, 미국 뉴욕 맨해튼에선 이색적인 거리행진이 진행됐다. 반기문 유엔사무총장, 앨 고어 전 미국 부통령, 영화배우 레오나르도 디카프리오 등이 맨해튼 중심가를 행진했다. 반 총장은 '나는 기후변화 대응을 지지한다'는 문구가 적힌 티셔츠를 입었다. 반 총장은 "우리에겐 차선책으로 택할 행성(planetB)이 없기 때문에 플랜B도 있을 수 없다"고 말했다. 같은 날 뉴욕뿐만 아니라 영국 런던, 프랑스 파리, 호주 멜버른, 인도 뉴델리 등 전 세계에서 60만 명의 시민들이 기후변화 시위를 벌였다.

2015년은 전 세계가 기후변화에 맞서는 사실상 마지노선이다. 기존 교토의정서를 대체할 신기후체제가 2020년부터 발족되려면 2015년 12월 파리에서 열리는 기후변화협약 당사국총회에선 선진국과 개도국이 모두 참여해 온실가스 감축방안을 도출해 내야 한다.

이처럼 전 세계의 화두인 기후변화 문제는 다보스포럼에서도 '핫 이

앨 고어 전 미국 부통령이 2015년 1월 스위스 다보스포럼에서 연설하고 있다.　　　　사진: 블룸버그

슈'였다. 기후변화 전도사인 앨 고어 전 미국 부통령이 선봉에 섰다. 고어 전 부통령은 "과거 여러 문명이 실패한 이유는 새로운 변화에 적응하지 못했기 때문"이라며 "세계는 이제 기후변화에 대한 결단을 내려야 한다"고 주장했다. 그는 "전 세계는 하루 평균 1억 1,000만 톤의 이산화탄소를 배출하고 있다"며 "0도와 1도 사이에는 큰 차이가 없어 보이지만 얼음과 물의 차이"라고 설명했다.

　고어 전 부통령은 전 세계 기후변화의 폐해가 이미 임계치에 도달했다고 경고했다. 그는 "최근 10년간 전 세계 기온은 역사상 가장 높은 수준이었다"며 "특히 2014년은 평균 기온이 역사상 가장 높았다"고 말했다. 기후변화의 역습은 전 세계에 이상고온 현상을 일으키고 온갖 자연재해의

아노테 통 키리바시 대통령이 2014년 9월 미국 뉴욕 유엔본부에서 열린 유엔연차총회에서 연설하고 있다. 사진: 블룸버그

원인이 되기도 한다. 미국, 이탈리아, 말레이시아, 인도, 영국, 독일 등 전 세계 대다수 국가들은 최근 몇 년간 홍수, 산사태, 가뭄 등의 자연재해에 시달리고 있다. 고어 전 부통령은 수몰 위기에 놓인 남태평양 섬나라 키리바시 사례를 예로 들었다. 인구 11만 명의 작은 나라 키리바시는 지구 온난화에 따른 해수면 상승으로 수몰 위기에 놓여 있다. 고어 전 부통령은 "키리바시는 전 세계 처음으로 기후 피난자들을 위해 다른 나라의 땅을 샀다"고 말했다. 키리바시는 평균 고도가 해발 2m가량인데 해수면이 해마다 0.3㎝에서 많게는 1.2㎝ 상승하고 있다. 이 추세라면 향후 30~60년쯤 후면 거주가 불가능한 땅이 될 가능성이 크다. 이 때문에 키리바시

> "지속가능한 성장과 기후변화는 동전의 양 면과 같다. 성장은 포용적이고 친환경적이 어야 한다."
> **반기문** 유엔사무총장

는 2,000㎞ 떨어진 피지의 북섬 바누아레부의 땅을 사들이기도 했다.

'개발과 성장' 세션에선 반기문 유엔사무총장과 김용 세계은행 총재가 지속가능한 성장을 위한 기후변화 '액션플랜'을 강조했다.

반기문 유엔사무총장은 "지속가능한 성장과 기후변화는 동전의 양면 과 같다"며 "성장은 포용적이고 친환경적이어야 한다"고 주장했다. 반 총장은 2015년 12월 역사적인 기후변화 협약 체결을 앞두고 지난 2014 년 9월 미국 뉴욕에서 열린 유엔 정상회의에서 이루어진 의미 있는 진전 에 높은 점수를 줬다. 반 총장은 "2040년까지 온실가스 배출을 20% 줄이 겠다는 합의는 의미 있는 리더십"이라며 "새로운 정치적 모멘텀을 만들 어 냈다"고 설명했다. 반 총장은 "2030년까지 전 세계 인프라, 도시, 농업 등에 대규모 투자가 진행될 텐데 이 자금이 저탄소 성장에 투입된다면 기후변화에 탄력적인 사회를 만들 수 있을 것"이라고 말했다. 김용 세계 은행 총재는 "친환경 운송과 에너지 효율 정책에 좀 더 적극적으로 나선

다면 매년 1조 8,000억 달러에서 2조 6,000억 달러까지 세계 경제를 부양할 수 있을 것"이라고 말했다.

특히 기후변화와 성장을 이분법으로 나눈 '제로섬' 관계로 보는 시각에 우려감을 내비쳤다. 로드 니콜라스 스템 브리티시 아카데미 총장은 "기후변화에 대한 대응을 성장에 장애가 되는 추가비용이라고 생각하는 시대는 지났다"며 "깨끗한 성장은 오히려 경제 성장을 이끌 것"이라고 말했다. 그는 "글로벌 GDP의 1~2%를 기후변화 대응에 투자하는 것은 결국 싼 비용으로 성과를 내는 것"이라고 설명했다. 필리페 쿠리야드 퀘백주 수상은 "캐나다 퀘백은 온실가스 배출권 거래제도의 모범 사례"라며 "2020년까지 퀘백의 그린펀드는 30억 달러에 이를 것이고 이는 새로운 일자리 창출 등에 쓰일 것"이라고 말했다.

2014년 12월 페루 리마에서 개최된 유엔기후변화협약 당사국회의에서 유엔환경계획UNEP이 발표한 보고서에 따르면 개발도상국들이 기후변화에 대처하지 못하면 연간 2,500억~5,000억 달러(약 278조 원~557조 원)의 비용이 필요하다. 보고서는 지구온난화를 2도까지 묶어두려는 유엔의 계획이 실패하면 이 비용이 크게 늘어날 수 있다고 경고했다. 유엔 기후변화대응 정부 간 위원회IPCC는 개발도상국이 필요한 기후변화 대응 자금은 2050년까지 약 700억~1,000억 달러(약 78조~111조 원)라고 예측한 바 있다.

Chapter 2

양성평등과 성적소수자

　세계경제포럼WEF이 매년 발표하는 성격차지수Gender Gap Index는 양성 평등 선진국을 가리는 주요한 잣대다. 2014년 보고서에서 상위 10개국 은 예상대로 북유럽 국가들의 독무대다. 아이슬란드가 1위를 차지했고 핀란드, 노르웨이, 스웨덴, 덴마크가 뒤를 이었다. 남미 니카라과, 아프 리카 르완다, 동남아 필리핀 등은 양성평등 선진국들과 함께 당당히 상 위권에 이름을 올렸다.

　다보스포럼에서도 양성평등은 다양성 측면에서 매년 이슈가 되는 화두 다. '다양성' 세션에 참석한 베스 브룩-마시니악 언스트앤영 부회장은 "최 근 감사보고서들을 살펴보면 남녀 성비율이 균형 잡힌 팀이 그렇지 않은 팀보다 양적, 질적 모든 면에서 성과가 좋다"고 설명했다. 그는 "이사회 에 더 많은 여성이 포진하고 있는 기업들이 소비자들의 감성과 니즈를 이 해하는 데 더 좋은 성과를 내고 있다"고 덧붙였다. "리먼브라더스가 아니 라 리먼시스터스였다면 금융 위기가 발생했을까." 잉가 빌 로이드 CEO

국가별 성격차지수 순위

순위	국가	순위	국가	순위	국가
1위	아이슬란드	5위	덴마크	9위	필리핀
2위	핀란드	6위	니카라과	10위	벨기에
3위	노르웨이	7위	르완다	⋮	
4위	스웨덴	8위	아일랜드	117위	한국

자료: WEF

는 금융 위기 이후 유행했던 농담으로 비즈니스에서 여성의 비교우위를 강조했다. 빌 CEO는 "남성들이 성급하게 위험에 뛰어드는 반면 여성들은 위기를 다루는 데 있어 훨씬 신중하다"며 "재무 분야에서 여성이 최고 의사결정권자라면 보안 규정을 위반한다거나 사기를 저지르는 일이 훨씬 적을 것"이라고 말했다.

성적소수자LGBT 역시 다보스포럼에선 다양성이란 이름으로 주요 의제로 다뤄지고 있다. LGBT는 레즈비언Lesbian, 게이Gay, 양성애자Bisexual, 성전환자Transgender의 첫 글자를 딴 말이다. 브룩 마시니악 부회장은 "노동현장에서 다양성은 이제 양성평등뿐만 아니라 LGBT까지 확산되고 있다"고 말했다. 국제노동기구ILO 조사에 따르면 응답자의 90%는 LGBT와 함께 일하는 것에 거부감이 없다. 또 80%는 LGBT 상사와 함께 근무하는

"리먼브라더스가 아니라 리먼시스터스였
더라도 금융 위기가 발생했을까."

잉가 빌 로이드 CEO

것에 대해 아무런 문제가 없다고 응답했다. 하지만 여전히 LGBT 근로자
의 60% 이상은 노동 현장에서 불편함을 느낀다고 응답했다. 브룩 마시니
악 부회장은 "직장 내 더 많은 롤모델과 협력자가 필요하다"고 말했다.

실제 LGBT에 대한 인식이 높아지고 있지만 여전히 일부 지역, 일부 계
층에 한해서다. 국제 인권단체 HRW_{Human Rights Watch} 케네스 로스 소장은
"여전히 28억 명의 인구는 동성애자를 감옥에 가두고 신체적 형벌을 가
하는 지역에 살고 있다"며 "7억 8,000만 명만이 동성 결혼이 합법인 나라
에 살고 있다"고 말했다. 로스 소장은 "동성애 혐오증은 여전히 많은 사람
들이 가지고 있는 편견 중 하나"라며 "이것을 바꿔야 한다"고 주장했다.
HRW에 따르면 〈포춘〉 선정 500대 기업 중 91%는 성차별을 금지하고 있
지만 성정체성에 따른 차별을 금지하는 곳은 61%에 불과하다.

한편 성격차지수에서 한국은 매년 부끄러운 성적표를 받아들고 있다.
전 세계 142개국 중 117위에 머물렀다. 첫 여성 대통령을 배출했지만 순

위는 오히려 전년보다 6계단이나 떨어졌다. 우리나라는 주요 4개 항목 가운데 경제 활동 참가 및 기회에서 124위에 그쳤고 교육에서는 103위, 건강과 생존에서는 74위, 정치 참여에서는 93위였다. 세부 항목들 가운데 노동시장 참가율에서는 86위로 비교적 높았지만, 전문기술직 수에서는 98위였다. 반면 동일 직군에서의 남성과의 임금 평등에서는 125위로 낮았다. 고위직 여성 간부 수도 113위에 그쳤다. 남성과 여성 간 출생 비율에서는 122위였고, 의회 내 여성 정치인 수는 91위, 정부 고위직 수에서도 94위로 저조했다. 아이러니하게도 여성들의 문자 해독률과 기대수명에서는 단연 세계 1위였다. WEF 측은 "한국의 성평등지수 점수는 작년보다 개선됐지만, 순위는 뒤로 밀렸다"며 "한국은 연구개발R&D 분야에서 남성과 여성 간 인력 비율이 전 세계에서 가장 큰 격차를 보이는 국가이며 2014년 한 해 남녀 임금 불평등이 가장 악화된 10개 국가 가운데 하나였다"고 지적했다.

Chapter 3

물 부족, 식량안보 리스크

　물 부족 위기는 기후변화와 맞물려 전 세계를 위협하는 최대 리스크 중 하나다. 세계 경제포럼이 선정한 '글로벌 10대 어젠다'에선 9번째, '글로벌 10대 리스크'에선 8번째로 선정됐다. 특히 발생 시 미칠 여파는 상상을 초월한다. '글로벌 10대 리스크' 발생 가능성 면에서 8번째인 물 부족 위기는 영향력 측면에선 가장 큰 리스크로 선정됐을 정도다.

　물 부족 위기는 절대적인 수자원 부족과 상대적인 수자원 접근권이란 측면으로 구분된다. 가령 아랍에미리트는 수자원이 부족하지만 막대한 자본으로 풍족한 물을 공급받고 있다. 반면 이디오피아는 물도 부족한 데다 돈도 없어 심각한 물 부족 사태를 겪고 있다. 가난으로 물 부족 위기를 겪는 나라들도 있다. 인도에선 빈곤한 탓에 깨끗한 물을 공급받지 못하는 인구가 1억 명에 달한다.

　경제협력개발기구OECD 〈환경전망 2030〉 보고서에 따르면 2005년 물 부족 인구는 7억 9,400만 명이지만 2030년에는 무려 72%가 증가한 13

물 부족 인구의 증가

	물 풍족	물 취약	물 부족	물 기근
2005	20억 2,800만 명	8억 3,500만 명	**7억 9,400만 명**	**28억 3,700만 명**
2030	21억 100만 명 (+4%)	8억 6,600만 명 (+4%)	**13억 6,800만 명 (+72%)**	**39억 100만 명 (+38%)**

자료: OECD

물 부족에 가장 노출된 지역

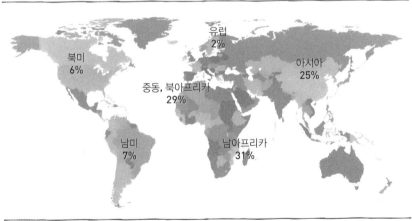

유럽 2%

북미 6%

아시아 25%

중동, 북아프리카 29%

남미 7%

남아프리카 31%

자료: WEF

빌 게이츠와 그의 부인 멜린다 게이츠가 '지속가능한 개발' 세션에 참석해 토론을 벌이고 있다.

사진: 블룸버그

억 6,800만 명이다. 더 심각한 물 기근 인구도 28억 3,700만 명에서 39억 명으로 38%나 증가하는 것으로 나타났다. 한 사람이 1년 동안 사용 가능한 물의 양이 1,000~1,700㎥이면 물 부족 인구, 1,000㎥ 미만이면 물 기근 인구로 분류된다. 사실상 전 인류의 절반 이상이 물 부족으로 신음할 것이라는 우울한 전망이다. 개리 화이트 워터.org 설립자는 "기후변화는 물 부족 사태에 또 다른 위기가 될 것"이라고 경고했다.

식량 부족은 또 다른 인류의 리스크다. 전 세계 저개발국을 위협하는 빈곤과도 직결된 문제다. '지속가능한 성장' 세션에서는 빌 게이츠 MS

"식량 위험을 종식시키기 위해선 단순히 농업 개선에 그쳐선 안 되고 지속가능한 발전이 이뤄져야 한다."
어서린 커즌 세계식량계획(WFP) 사무총장

창업자와 그의 부인인 멜린다 게이츠 빌&게이츠 파운데이션 창업자가 나란히 앉아 전 세계 빈곤 해결을 위한 아이디어를 쏟아냈다.

빌 게이츠는 "교육이야말로 경제 성장의 마스터 스위치"라며 "교육을 통해 모든 부문에서 생산성을 높임으로써 빈곤 문제도 해결할 수 있고 성장에도 기여할 수 있다"고 말했다. 멜린다 게이츠는 "여성에게 더 많은 자율권을 주는 게 중요하다"며 "훌륭한 교육을 대물림하는 여성들의 특성상 여성에 대한 투자는 올바른 성장으로 가는 지름길"이라고 강조했다.

이들은 기술 혁신이 빈곤 퇴치의 선봉에 설 것이라고 입을 모았다. 특히 바이오 기술의 발전은 저개발국의 생산성 향상에 크게 기여하고 있다. 멜린다 게이츠는 "기술 혁신으로 질병 치유는 물론 농업을 통한 생산성 향상과 빈곤 퇴치에도 긍정적인 영향을 미치고 있다"고 말했다.

'식량안보' 세션에 참석한 어서린 커즌 세계식량계획wFP 사무총장은

"식량 위험을 종식시키기 위해선 단순히 농업 개선에 그쳐선 안 되고 지속가능한 발전이 이뤄져야 한다"며 "포용적 농업, 스마트 농업이 필요하다"고 주장했다. 쉥겐 판 국제식량정책연구소IFPRI 소장은 "식량 낭비도 식량안보를 위협하는 중요한 이슈"라며 "저장 시설과 운송 시스템과 같은 인프라가 잘 갖춰지면 음식의 유통기한을 연장시킬 수 있다"고 말했다.

Chapter 4

불균형 성장의 주범 인프라 격차

"인프라 구축의 적기는 바로 지금이다."

다보스포럼에 모인 글로벌 석학과 지도자들은 글로벌 경제의 균형 발전을 가로막는 가장 큰 장애물로 '인프라 격차'를 꼽고 격차 해소를 위해 세계 각국이 지금 바로 행동해야 한다고 입을 모았다.

'인프라 격차 메우기' 세션에 참가한 고든 브라운 전 영국 총리는 "전기나 물 등 기본적 인프라가 없는 곳이 전 세계 곳곳에 있다"며 "이 같은 인프라 격차를 줄이기 위해선 매년 최소 1조 달러가 필요하다"고 지적했다.

그러나 현실적으로 최근 정부 재정이 줄어들고 은행을 옥죄는 새로운 규제가 만들어지면서 인프라 구축을 위한 동력이 오히려 줄어들었다고 브라운 총리는 염려했다. 브라운 총리는 하지만 "효율적인 인프라 구축을 위해서는 정부와 민간 간 협력이 필요하다"면서 "현재의 낮은 금리와 미국과 신흥국들의 경제 성장 흐름을 감안할 때 지금이 인프라 구축

피터 샌즈 SC그룹 회장이 다보스포럼에 참석해 토론을 벌이고 있다.   사진: 블룸버그

의 적기"라고 강조했다. 그는 특히 "인프라 구축에 필요한 투자자를 확보하기 위해 새롭고 혁신적인 금융 지원 방안을 마련해야 한다"고 덧붙였다.

피터 샌즈 스탠다드차타드은행 회장은 인프라 프로젝트를 위한 자금은 이미 마련되어 있다고 밝혔다. 샌드 회장은 "인프라 프로젝트 같은 장기 프로젝트에 사용할 자금을 구하는 것이 과거보다 어려워졌지만 이는 충분히 해결 가능하다"며 "우리가 중개인으로서 주인을 찾지 못하는 투자금을 프로젝트에 연결시켜주면 된다"고 말했다. 자금을 구하는 게 문제가 아니라 자금을 올바른 투자로 이어 주는 것이 중요하다는 설명이다.

인프라 구축은 실업을 포함한 경제 전반의 문제에 대한 해법으로도 제시됐다. 아룬다티 바타차야 인도국립은행SBI 회장은 "인도엔 한 달에 100만 명이 넘는 청년들이 구직 시장에 나오고 있는데 대부분 일자리를 구하지 못한다"며 "전기, 교통, 통신, 도시화 등 인프라를 구축하면 자연스럽게 청년 실업이 해결될 것"이라고 전망했다. 바타차야 회장은 더 나아가 "인도는 지금 갈림길 위에 있다"며 "가난에서 벗어나기 위해서는 성장을 위한 인프라가 답"이라고 강조했다.

한편 도널드 카베루카 아프리카개발은행AfDB 회장은 인프라 구축 대상 선정 시 아프리카와 같은 최우선 지역에 대한 배려가 절실하다고 주장했다. 그는 세계 최빈국 아프리카가 경제 성장을 하기 위해서 각국 정부가 아프리카 인프라를 위한 예산 배분을 가장 먼저 확보해야 한다고 말했다.

"다양성 확보가 미국 교육의 힘이다"

"미국 교육의 힘은 다양성이다. 여러 경로를 통해 다양한 사람들이 고등교육을 받을 수 있게 하는 것이 중요하다."

드류 길핀 파우스트 하버드대 총장이 말하는 미국 교육의 강점이다. 파우스트 총장이 말하는 다양한 고등교육이란 고등학교 졸업 후에 대학교 외에도 다양한 형태의 선택지가 있다는 뜻이다. 즉 한국처럼 종합 대학에 학업을 하는 선택지 외에 2년제 커뮤니티칼리지, 직업전문대학 등의 선택이 가능하다.

실제로 파우스트 총장과의 대담이 있기 하루 전인 1월 20일 버락 오바마 대통령의 새해 국정연설에도 미국의 다양한 교육제도에 대한 언급이 등장한다. 오바마 대통령이 연설 현장에 직접 초대해 미국 중산층의 대표 사례로 소개한 레베카 에를러 씨도 금융위기 후 부부가 동시에 실직하는 고통을 겪었지만 커뮤니티칼리지에서 공부를 한 뒤 재취업에 성공한 사례다.

파우스트 총장은 330여 년 역사를 지닌 하버드의 첫 여성 총장이다. 또 하버드 졸업생이 아닌 첫 총장이다. 그는 예일대를 졸업했다. 다양성이 더 존중되면서도 다른 어떤 조직보다 보수적인 곳이 대학이다. 그만큼 파우스트 총장의 출현은 미국 사회에 화제가 됐었다. 파우스트 총장은 "나 역시도 다양성을 인정하는 문화의 혜택을 본 셈"이라며 웃었다.

파우스트 총장이 최근 가장 관심을 갖고 추진하는 일은 대학 등록금 부담 없이 우수한 인재들이 교육을 받을 수 있도록 하는 것이다. 파우스트 총장은 "더 많은 학생들에게 기회를 주기 위해 장학금 제도를 더 확대하고 있다"고 설명했다.

이를 통해 학부생의 경우 재정 지원을 받는 학생이 전체의 60%에 달한다. 재정 지원을 받는 경우 평균 1년 총비용이 1만 2,000달러 선에 그치도록 만들었다고 강조했다. 그는 이를 더 확대하기 위해 야심찬 기부금 모집 프로젝트도 진행 중이다. 그가 세운 목표는 2018년까지 총 65억 달러(약 7조 원)의 기부금을 확보하는 것. 실제로 이런 노력 덕분에 하버드 지원자는 2015년에 3만 7,305명으로 전년(3만 4,295명)보다 8%나 늘었다.

취업에 좋은 과로만 학생들이 몰리는 현상에 대해서도 "미국에서도 비슷한 일이 벌어지고 있다"며 교육의 목적을 재정립할 필요가 있다고 강조했다. '교육을 통해 얻으려는 목표'에 대해 파우스트 총장은 "더 유연하고 창조적인 사고를 할 수 있는 인재를 키우는 것"이라고 정의했다. 하버드대 입학의 기준을 묻는 질문에 대한 답변이 '흥미로운 사람'인 것도 교육의 정의와 무관치 않다. 파우스트 총장은 "호기심이 많고 다양한 일에 적극적으로 나서며 주변과 함께 발전할 수 있는 사람이 하버드가 원하는 인재상"이라고 귀띔해 주었다.

ⓠ 세계 최고 대학의 첫 여성 총장이다. 많은 여성들에게 희망을 심어 줬다.

총장이 되고 많은 여성들의 편지를 받았고 감동했다. 어떤 젊은 여성은 나를 보면서 이제 자신도 무엇이든 할 수 있다고 느꼈다고 한다. 이런 얘기를 들을 때마다 책임감을 느낀다. 이화여대 강연에서도 많은 학생들이 여성 리더로 커 나가는 것을 봤다. 이제는 여성들이 더 많은 역할을 할 수 있는 시대가 되고 있다.

ⓠ 아이비리그 대학 중 여성 총장이 벌써 4명이나 된다.

여성들이 자신의 능력을 최대로 사용할 수 있는 기회를 가져야 한다. 여성 총장이 많아졌지만 여전히 부족한 것이 사실이다. 일례로 상원의원의 20%만이 여성이다. 이런 갭을 줄여야 한다. 여성이 동일하게 평가받아야 한다. 앞으로 풀어 나가야 할 매우 중요한 숙제다.

ⓠ 하버드대 총장으로 목표가 있다면?

능력 있는 인재들을 더 많이 받아들이고 싶다. 하버드의 자원을 최대로 활용할 수 있는 다양한 방안을 강구한다. 매우 특이하고 재미있는 사람들을 받아서 지원하고 싶다.

Q 하버드대 총장이 된 후에 재정 지원을 늘렸다.

우리는 능력 있는 학생이 있다면 언제든 재정 지원을 해 줄 수 있는 체계를 갖춰 가고 있다. 예를 들어 학부모의 합산 소득이 6만 5,000달러 이하일 경우 부모에게 어떤 재정적 부담도 지우지 않는다. 6만 5,000달러에서 15만 달러 사이의 소득이라면 전체 학비의 10%만 부모가 부담하도록 재정 지원책을 마련했다.

Q 한국에서 대학 등록금이 비싼 것이 문제가 되면서 반값 등록금 공약이 나오기도 했다.

학비가 너무 비싼 것은 문제가 있다. 다양한 재정 지원을 통해 실제 지출 비용은 줄어들고 있다. 평균적으로 하버드대 학생들은 이제 연간 1만 2,000달러 정도를 학비로 지출하는 식으로 만들고 있다. 이런 노력을 통해서 대학 교육이 수용 가능한 수준으로 만들 수 있다. 다만 공적영역의 지원에 대해서는 주의가 필요하다. 경기 등에 따라 달라지는 상황에서 대학의 지원 규모가 큰 영향을 받을 수밖에 없는 불안정한 구조이기 때문이다. 미국의 경우에도 공적영역에 의존했던 많은 대학들이 어려움을 겪고 있다. 일례로 미시간대학은 25%의 지원이 감소되면서 등록금 인상 등이 이뤄졌다.

Q 온라인도 적극적으로 활용하는 것으로 안다.

MIT와 함께 에드엑스edX 프로그램도 시작했다. 온라인대중강의MOOC 일환이다. 교육은 모든 사람에게 열려 있어야 한다는 것이 하버드대의 철학이다. 지금까지 이 서비스를 이용해 200만 명이 수업을 들었다. 하버드에서 공부하고 있는 학생 숫자가 2만 1,000명인 것을 생각하면 그 파괴력을 가늠해 볼 수 있다. 하버드대에서는 인터넷을 통해 200만 명에게 강의를 제공할 수 있다면 우리의 지적자산을 잘 활용하는 것이라고 보고 있다.

Q 미국 교육의 강점은 무엇인가?

미국은 건국 이래 교육을 중요시해 왔다. 변화의 엔진이 교육이라고 여겼다. 공교육을 일찍 정착시켰고 고등교육으로 확대했다. 특히 미국의 고등교육은 매우 흥미로운 면이 있다. 커뮤니티칼리지를 비롯해 주립대, 사립대 등 다양한 메뉴가 많다. 다양한 원천의 기관을 갖고 있고 다양성을 확보한 것이 강점이라 생각한다.

Q 하버드에 입학하려는 한국인이 많다.

우리는 다양한 정보를 따져서 입학 여부를 결정한다. 학교 등에서 어떻게 활동했느냐 등에 대한 양적 평가와 협력 등의 질적 정보를 따진다. 또한 하버드대 커뮤니티에서 무엇을 배울 것이며 또 무엇을 공유할 수 있을지도 따진다.

Q 하버드대 입학을 위한 조언을 해 달라.

미국 학생들에게도 똑같은 얘기를 한다. 흥미로운 사람이 되라는 것이다. 호기심을 갖고 주변 사물과 현상을 유심히 관찰하고 많은 교류를 하는 사람을 선호한다.

스위스 명물 시계

스위스하면 떠오르는 것을 꼽으라면 대부분 사람이 알프스와 스위스 시계를 꼽을 것이다. 명품 시계의 본고장답게 다보스에서도 곳곳에서 다양한 형태의 시계를 만나볼 수 있다.

스위스 기차역에 설치된 시계 디자인을 애플이 따라했다가 혼쭐이 난 일은 스위스 시계산업의 우수성을 단적으로 보여 준다. 하지만 스위스 명품 시계 산업이 순탄하기만 했던 것은 아니다. 1970년대 일본산 디지털시계 등장으로 죽은 산업으로 치부됐던 시계산업은 스위스 정부가 기계식 시계를 중심으로 하는 고부가가치 산업에 집중하면서 되살아났다. 1990년대 중반부터 세계적으로 사치품 수요가 급증하면서 빛을 본 것이다. 스위스 관세청 자료에 따르면 지난 10년간 스위스 시계의 수출량은 연평균 7.2% 증가했으며, 2010부터 2012년에는 두 자릿수 증가율을 기록했다. 스위스

스위스 곳곳에서 볼 수 있는 시계.

시계산업은 세계적으로 경기가 침체됐던 2011년에 19.3%, 2012년에 10.9%의 성장을 기록하면서 스위스 수출의 견인차 역할을 하고 있다. 2013년, 2014년에도 소폭이긴 하지만 성장을 이어갔다. 스위스 시계산업이 부활하게 된 데는 스위스 정부의 강력한 정책적 지원도 큰 몫을 했다. 2013년 6월 스위스 의회에서 통과된 스위스니스 Swissness 법안이 대표적이다. 이 법안에 따르면 고급 시계의 상징이 된 스위스 메이드 라벨을 붙이려면 생산 비용의 최소 60%가 스위스에서 발생한 제품이어야만 한다. 또 스위스 정부는 복제품에 대한 엄격한 처벌을 추진함으로써 자국 시계산업 보호에 적극 나서고 있다. 스위스 국기 모양의 로고로 유명한 빅토리아 녹스도 한국인들에게 친숙한 스위스 브랜드다. 1940년대 중반 이후 미군 PX에서 빅토리아 녹스 칼이 팔리기 시작했다. 이후로 빅토리아 녹스 제품은 '스위스아미나이프'로도 이름이 알려졌다.

다보스는 스키 천국

서유럽에서도 가장 높은 해발 1,510m에 위치한 다보스. 알프스 한 자락에 위치한 이곳은 외지인들이 대거 방문하는 다보스포럼 기간을 제외하고는 인구 1만 2,000명이 사는 작은 스키 휴양지다. 다보스보다 해발 고도가 1,000m 이상 높은 야콥스혼 (2,590m)을 비롯해 피스카(2,483m) 등 크게 총 5개의 봉우리에서 내려오는 스키 루트가 있다. 한국 스키장에 익숙한 사람들은 입이 떡 벌어질 수밖에 없는 설질과 알프스가 조각해 낸 슬로프에 감탄사가 절로 나온다. 급한 산세가 주는 공포감에 한국인들은 쉽게 스키를 탈 엄두를 내지 못하지만 스위스 사람들은 연령에 상관없이 깎아지르는 경사에서도 스키를 즐긴다. 매일경제 취재진이 머물렀던 민박집 주인 에리카 씨도 매일 해발 2,500m의 산봉우리에서 스키를 즐기는 걸 낙으로 삼고 살아가는 할머니다. 알프스라고는 하지만 다보스에서 스키가 가능한 시기는 11월부터 이듬해 4~5월까지다. 나머지 기간에는 관광객들이 트래킹을 위해 이곳을 찾는다.

스키어들.

유럽의 지붕을 가르는 케이블카

다보스 시내와 주변 산 정상은 무려 1,000m가량의 고도 차이가 있다. 게다가 경사가 가팔라서 걸어서 올라가는 것은 언감생심 꿈도 못 꿀 일이다. 스키어나 관광객들이 주변 산 정상에 가는 유일한 방법은 케이블카를 타는 것뿐이다. 다보스를 중심으로 양쪽 산으로 올라가는 케이블카가 두 곳에 설치되어 있다.

다보스포럼 기간 중에는 넘쳐나는 외부인들로 케이블카 역시 만석일 것 같지만 현실은 그렇지 않다. 대부분의 포럼 참석자들이 행사를 소화하기에도 바쁘기 때문에 케이블카를 타는 호사는 누릴 수 없다.

스위스는 주요 산마다 많은 케이블카가 설치돼 있다. 지금 같으면 환경보호단체 등의 반대로 쉽지 않을 일이다. 스위스의 산들에 유독 케이블카가 많은 것은 배고픈 역사와 관련이 있다. 20세기 초중반 먹고 살 것이 없을 정도로 빈곤했던 스위스는 관광객 유치를 위해 앞뒤 가릴 것 없이 케이블카 설치를 위한 기둥을 박기 시작했다. 그때부터 만들어진 케이블카 덕분에 시작된 알프스 스키가 이제는 스위스 관광산업의 핵심이 됐다. 물론 안전을 위한 기기 개보수 및 신형 기기 도입은 주기적으로 이뤄지고 있다.

케이블카.

PART
08

에필로그

Chapter 1

45차 WEF연차총회 결산좌담회

    '새로운 경제 상황'을 주제로 스위스 다보스에서 열린 세계경제포럼 WEF 45차 연차총회가 막을 내렸다. 글로벌 경제는 어디로 가는지, 실종된 리더십과 붕괴된 거버넌스를 회복할 방안은 무엇인지, 지정학·불평등·기후변화 등 글로벌 리스크에 어떻게 대처할지 전 세계 2,700여 명의 글로벌 리더들은 머리를 맞댔다. 정답을 확신할 수 없는 불확실성의 시대에 위기 극복을 위한 어떤 해답이 제시되었는지 다보스포럼의 성과를 짚어 봤다. 다섯 번째 다보스포럼을 찾은 한덕수 무역협회장(당시)은 "이번 포럼의 큰 줄기는 성장을 하자는 것"이라며 "하지만 성장은 양적완화만으론 한계가 있으며 결국 구조조정을 해야 재도약할 수 있다는 것으로 요약할 수 있다"고 정리했다. 매일경제는 현지에서 한 회장을 비롯해 이승철 전경련 부회장, 김창범 한화케미칼 대표, 박홍재 현대차 부사장 등 주요 참석자들을 초청해 이번 다보스포럼이 한국에 어떤 시사점을 주는지 들어 봤다.

○ 올해 다보스포럼에 참석한 소감은?

이승철: 2015년 11월로 예정된 G20 정상회의를 준비하고 있는 터키 총리
　　　가 다보스를 찾았다. 한국도 중요한 이벤트가 있으면 전 세계 리
　　　더들이 모이는 다보스에 와서 국가 홍보를 하는 게 좋겠다.

김창범: 2011년에 이어 4년 만에 다시 찾았는데 역시 중국의 세력이 강했
　　　다. 중국 정부, 기업, 언론이 하나가 되어 중국을 알리는 게 인상
　　　적이었다. 이곳에서 창조경제와 역동성이라는 한국의 아이콘을
　　　제대로 알릴 수 있는 기회가 있다면 국가브랜드도 높이고 사업에
　　　도 큰 도움을 받을 것 같다.

○ '새로운 경제 상황'에 대한 많은 논쟁이 있었는데 가닥이 잡혔나?

한덕수: 2014년에는 고용창출에 포커스를 두었는데 올해는 성장으로 방
　　　점이 모아졌다. 올랑드 프랑스 대통령은 사회당이면서도 성장을
　　　강조했다. 포럼 기간 중 유럽중앙은행ECB의 양적완화 조치가 발
　　　표된 것도 수요를 늘려 성장하자는 것이다.

박흥재: 시모네타 소마루가 스위스 연방대통령의 말처럼 '새로운 경제 상
　　　황'은 불확실성이다. 커플링, 디커플링이란 용어가 무의미할 정도
　　　로 세계 경제의 방향성이 사라졌다. 지역별로 서로 다른 방향으로
　　　성장의 차별화가 나타나고 있다.

"각국이 구조 개혁에 성공해야 세계 경제가 재
도약할 것이다."

한덕수 전 무역협회장

🔵 향후 글로벌 경제에 대한 전망은 무엇인가?

한덕수: 중국 경제는 큰 흐름에서 그리 우려할 수준은 아니라는 판단이다.
일본은 세 번째 화살로 불리는 구조개혁이 제대로 작동하지 않고
있고, 인도의 구조개혁에는 긍정적인 평가가 많았다. 남미에서는
멕시코를 제외한 각국 경제가 어렵다. EU의 양적완화 조치가 모
럴헤저드를 일으키는 게 아니냐는 우려가 많았다. 결국 노동시장,
서비스, 연금시장 등의 구조개혁을 통해서만 효율성을 올리고 신
뢰를 쌓을 수 있다. 결국 각국에서 구조개혁을 제대로 해야 세계
경제가 재도약할 것이다.

박홍재: 미국, 중국, 인도, 멕시코 시장이 주목할 만한 시장인 것 같다. 불
확실성이 지배하는 글로벌 경제에 그나마 방향성과 성장성을 갖
춘 시장이다. 특히 인도의 경우 정책 집행이 안정적이어서 중장
기적으로 인도시장에 다시 관심을 가져야 할 것 같다.

"방향성과 성장성 갖춘 인도 시장이 유망하다."

박홍재 현대차 부사장

🔾 다보스포럼이 한국에 시사하는 바는 무엇인가?

이승철: 포럼 글로벌 어젠다위원회 산하 창조경제글로벌위원회에서 한국의 창조경제를 알리는 기회를 가졌다. 튜닝산업 등 업계의 숙원사업들이 창조경제란 이름을 달면 진행이 수월하다는 설명도 해줬다. 중국의 공세를 보면서 정부 '리더십'이 이끌고 기업의 '팔로우십'이 미는 구조가 되어야 성공할 수 있음을 확인할 수 있었다.

박홍재: 유로화 약세로 유럽 자동차업체들의 경쟁력이 강해졌다. 일본 업체는 여전히 엔저로 위협하고 있다. 미국 업체들은 저유가의 가장 큰 수혜를 받고 있다. 한국 업체들에게 만만치 않은 위기 상황이다. 품질 경쟁력으로 버티고 있지만 시장 자체가 다변화되고 있어 철저한 대응이 필요하다.

한덕수: 주요국의 양적완화와 환율절하가 통화전쟁을 촉발시키는 모양새이지만 이를 통해 경제가 회복되면 큰 시장이 열릴 수 있다. 이에 대비해야 한다.

"한국 대기업 오너들이 참여해 민간외교사절 역할을 해야 한다."

이승철 전국경제인연합회 부회장

◯ **가장 기억에 남는 연설이나 인물이 있다면.**

이승철: 이번 포럼의 백미는 마윈 알리바바 회장이었다. 기업 철학을 얘기하면서 돈 버는 얘긴 안 하고 중소기업, 자영업자에게 기회를 주는 게 목표라고 얘기했다. 같은 사업을 하면서도 저렇게 아름답게 말을 할까 감동했다.

김창범: 스티븐 추 전 미국 에너지장관의 연설이 인상적이었다. 모두가 연구개발R&D과 혁신을 말하면서 불필요한 비용을 지불하고 있다는 것이다. 가령 나노기술 등 첨단기술에 매몰돼 일반적인 재료로도 충분한 곳에 굳이 첨단재료를 사용한다는 것이다. R&D 맹신주의도 경계해야 할 대상이란 인사이트를 얻었다.

◯ **다보스포럼의 경쟁력은 무엇인가?**

이승철: 지정학, 에볼라 등 소위 장사가 되는 주제를 잡아내는 능력이 있다. 무엇보다 연사와 참석자들, 그리고 참석자들 간 네트워킹 기회를 제공하는 게 다보스만의 장점이다. 5~10년씩 꾸준히 와야

"다보스포럼의 경쟁력은 사람이다."

김창범 한화케미칼 대표

네트워킹의 기회가 생기는 것 같다. 대기업 오너들이 책임감을 갖고 참여해 한국을 알리고 사업도 키워야 한다.

김창범: 다보스에 와서 다우케미칼, 미쓰비시캐미칼, 릴라이언스의 CEO 등 관련 업계 대표들을 많이 만났다. 다보스가 아니면 한꺼번에 만나기 어려운 사람들이다. 자주 올 수밖에 없는 포럼이다. 다보스의 경쟁력은 결국 사람이다.

한덕수: 매년 전 세계 글로벌 리더들이 왜 온다고 생각하나. 굵직한 글로벌 이슈들에 대한 해답을 모색하고 앞으로의 행동 방향을 잡을 수 있기 때문이다. 정부, 기업, 학계 등 더 많은 한국의 리더들이 다보스와 연계해 우리의 글로벌 경쟁력을 키워 나가야 한다.

12번째 다보스포럼을 다녀와서

김영훈 대성그룹 회장

2015 다보스포럼은 '세계경제포럼'이라는 원래 명칭이 무색할 정도였다. 최근 세계를 충격에 빠뜨린 경제 외적인 굵직한 사건들이 너무나 많았던 탓으로 오히려 경제 이슈들은 뒷전으로 밀리는 듯한 느낌이었다. 러시아의 크림 반도 합병으로 촉발된 동유럽의 불안, IS의 세력 확장과 잔혹한 테러가 몰고 온 충격, 에볼라 바이러스의 창궐로 인한 신종전염병에 대한 공포 등으로 2014년 한 해 지구촌이 몸살을 앓았으나 미국이나 유럽 등은 무기력한 모습으로 일관했고, 리더십은 나타나지 않았다.

다보스포럼에서 이 같은 글로벌 거버넌스의 부재에 대한 우려가 끊임없이 제기됐다. 앤-매리 슬로터 '뉴 아메리카' 회장은 "미국의 리더십이 실패하고 있음은 자명하다. 국제적 문제는 물론이고 심지어 인종 갈등, 소득 격차 확대 같은 국내 문제조차 해결하지 못하고 있다"고 지적했다.

세계대전 이후 대안으로 설립된 UN이나 IMF 같은 국제기구들도 태생적 한계로 인해 글로벌 정치적·군사적·경제적 위기 해결의 구심점 역할을 하기는 무리라는 데 대체로 동의했다. 조지프 나이 하버드대 석좌교수는 "글로벌 리더십이 미국을 정점으로 하는 톱-다운 모델에서 '포트폴리오 조직'으로 옮겨갈 필요가 있다"고 주장했다. 다극화된 세계에서는 특정 지역의 문제를 블록 내 국가 간 협력기구가 나서서 해결하는 방식으로 새로운 리더십이 정립되어야 한다는 것이다. 그러나 이 모델이 경제나 환경문제에 대한 해결책은 내놓을 수는 있지만 첨예한 군사적 충돌에 대해서도 기능을 할 수 있을지에 대한 의문이 제기됐다.

2015 다보스포럼에서 본 글로벌 경제 전망은 2014년 포럼 때 회복에 대한 낙관론이 우세했던 것과 비교할 때 한 풀 꺾인 분위기였으며 단기 전망조차도 매우 조심스러웠다. 그나마 경기 회복의 선봉에 선 미국 정도만 성장을 이어갈 것이라는 자신감을 보였다. 미국 등 소수를 제외하고 대부분의 국가들이 지난해 성장 목표를 달성하지 못한 데다가 최근 그리스 등 남유럽의 위기가 재현되고 있고, 석유 의존도가 큰 산유국들의 재정위기설까지 돌고 있는 데 대한 불안감이 엿보였다. 그러나 미국의 견실한 성장과, 유럽중앙은행ECB의 경기부양조치에 대한 기대감, 그리고 저유가가 가져올 경기부양 효과 등 몇 가지 호재들로 인해 최소한 지난해 수준의 성장률은 유지할 것으로 보는 견해가 우세했다.

유가급락으로 글로벌 에너지시장의 불안정성이 확대된 가운데, 산유국들은 "우리는 문제없다"는 식의 팽팽한 기 싸움을 벌였다. 또한 OPEC 회원국들과 러시아 등 그 누구도 인위적인 감산을 통해 유가를 떠받칠 의사가 없음을 명백히 했다. 따라서 저유가 현상이 앞으로 상당 기간 지속된다는 결론이다. 압달라 살렘 엘 바드리 OPEC 사무총장은 "OPEC 회원국들이 감산을 하더라도 비OPEC 국가들이 생산량을 늘려 가격에 별 영향을 주지 못할 것"이라며 추가감산노력이 없을 것임을 명백히 했고, 유가하락으로 심각한 재정위기를 겪고 있는 것으로 알려진 러시아의 아르카디 드보르코비치 부총리는 "러시아 석유산업은 저유가를 계기로 이노베이션을 통해 효율성을 높일 것이고 장기적으로 수출도 늘어나게 될 것"이라며 오히려 호언장담했다. 칼리드 알팔리 사우디아람코 CEO는 "미국에서 일어난 일이 사우디아라비아에서도 일어날 것"이라며 셰일 가스와 오일 개발에 적극 투자해 미국의 셰일 혁명에 맞대응하겠다는 의지를 표명했다.

이번 다보스포럼에서는 그간의 참가 경험으로 비추어 볼 때 하이테크 분야 세션들이 양과 질 양 측면에서 크게 보강됐다는 점이 또 하나의 특징이었다. IT, BT, 로보틱스 분야 등 세션에 참가했는데 전반적으로 우리나라 기술력이 해외 첨단분야를 많이 따라잡아 그 격차가 그리 크지 않다는 느낌이었다. 미국, 유럽, 일본 등 선진국의 포럼 참가자들이 생산성 정체에 대한 우려를 여러 차례 제기했는데, 결국은 기술 혁신으로 돌파할 수밖에 없지 않겠냐는 의견이 많았다. 청년 실업과 여성 인력 활

용 문제에 대한 해답도 여기에 있다는 생각이다. 우리 정부가 추진하는
창조경제도 이와 같은 방향이지만 앞으로 하이테크 기술 개발 및 활용
쪽에 좀 더 초점을 맞출 경우 더욱 효과적인 정책 추진은 물론이고, 국
가 경제 도약에도 큰 도움이 될 것으로 본다.

다보스의 속살

서양원 산업부장 겸 지식부장·부국장

스위스 다보스포럼이 개막되기 직전인 지난 1월 21일 저녁, 터키를 출발해 취리히로 들어오던 참석자들은 인근 상공에서 20분 이상 머물러야 했다. 세계 각지에서 날아온 전용기들로 항공체증이 있었기 때문이다. 이 기간 중 뜬 전용기만 1,700여 대. 1만 2,000여 인구의 다보스에 국가 정상 40여 명, 기업인 1,500명 등 공식 참가자 2,700명과 그들의 수행원까지 합해 1만 8,000여 명이 찾았다.

기온은 서울보다 5도 정도 낮다. 숙소 구하기도 하늘의 별 따기다. 각종 비용은 평상시보다 3~4배 뛴다. 철저한 보안 때문에 불편하기 짝이 없다.

그런데 왜 글로벌 리더들이 몰려들까. 세계가 어떻게 움직이는지 알 수 있고, 어떻게 대응할지 길을 찾을 수 있기 때문이다.

앙겔라 메르켈 독일 총리, 마테오 렌치 이탈리아 총리, 리커창 중국 총리 등의 특별강연을 비롯한 280여 개 세션. 기탄없는 토론이 이뤄진다. 정상과 글로벌 CEO를 거리에서, 또 행사장에서 만난다. 취재하는 입장에서 '고기 반 물 반'이 아니라 '고기뿐'인 곳이다.

이번 포럼의 큰 주제는 '새로운 세계 상황The New Global Context'. 불확실한 상황을 'context'로 표현하고 생존의 길을 찾았다.

포럼 기간 중 발표된 유럽중앙은행ECB의 양적완화에 대해서는 구조개혁 없이는 유럽연합EU 경제를 살리기 어렵다는 데 의견이 모아졌다. 창업 15년 만에 중국 최대 갑부로 떠오른 마윈 알리바바 회장의 강의는 대단한 반향을 일으켰다. KFC에 지원한 25명 중 유일하게 떨어졌고, 경찰 후보 5명 중 혼자 낙방한 그가 좌절하지 않고 도전했던 스토리는 큰 희망을 심어줬다. 특히 자신의 재산은 사회가 보여준 신뢰trust이며, 부는 사회를 위해 쓰겠다는 자세는 중국 기업의 격을 높였다.

여기까지가 아니다.

다보스포럼의 속살을 봐야 한다. 인적 네트워킹과 이를 통한 새로운 가치 창출이다. 비공개로 진행된 300여 개 모임이 이어진다. 현장에서 만난 한 CEO는 "각 산업의 대표주자들이 만나 현안들에 대한 해결 방안을 찾고, 앞으로 협력 포인트를 찾는 기회는 다보스포럼의 진정한 가치"라고 설명했다. 또 매일 저녁 다보스 곳곳에서 이어지는 각종 파티는 포럼 2라운드다. 유럽호텔의 '피아노바'가 와인을 마시며 허심탄회한 애기를 나누는 공간으로 인기를 끌자 센트럴호텔에도 피아노바가 생겼다. 이런 만남을 통해 구체적인 사업 흐름을 잡고, 도전과 응전의 기회를 잡을 수 있다.

1,500여 기업인이 전용기를 타면서까지 찾아오는 이유다.

다보스포럼이 돈만 밝히는 선진국들의 사교클럽이란 비판은 '현장을 보지 않은 섣부른 선입견'이라고 판단한다. 이집트, 남아프리카 대통령 등 24개국 신흥국 정상들이 포럼장을 돌며 투자를 호소했고, 글로벌 기업들은 관심 있는 사업들을 점검해 나갔다. 우리 정부도 대통령이 '한국의 밤' 행사에 통일 메시지를 전하고, 윤병세 외교부 장관이 나름 공을 들였다. 하지만 중국, 일본 기세에 비하면 족탈불급이다.

다보스포럼은 준비한 만큼 얻어 갈 수 있는 곳이다. 높이 나는 새가 멀리 보고 좋은 먹이를 채 가는 것과 같은 논리다.

세계 각국은 자국 이해를 관철할 수 있는 포럼을 키우는 데 열정을 쏟는다. 스위스가 다보스포럼을 키우고 프랑스가 월드폴리시 콘퍼런스, 중국이 보아오포럼을 키운다. 한국의 세계지식포럼 또한 아시아의 대표 포럼으로 성장하고 있다. 미·중, 미·일, 미·러 사이에 있는 한국의 지정학적 위치를 감안할 때 성장 가능성은 다보스포럼 이상이다.

각종 포럼을 통한 글로벌 정치·경제·외교의 각축전은 우리 앞에 닥친 엄연한 현실이다. 대원군의 쇄국정책으로 회귀할 것인가, 아니면 문을 열고 과감하게 도전할 것인가.

"통일 비용 마련을 위한 해외 투자가 절실하다"

최광 국민연금관리공단 이사장(왼쪽 넷째)이 매리 얼도스 JP모건자산운용 CEO(왼쪽 셋째) 등과 미팅을 가진 뒤 기념촬영을 하고 있다.

"북한 개발에 해외 자금의 투자가 절실하다. JP자산운용, 도이치자산운용 등을 만나 이 같은 입장을 전달했고 긍정적인 답변을 받았다."

국민연금이 통일 비용 마련을 위한 '통일 전도사' 역할에 나섰다. 스위스 다보스에서 열린 세계경제포럼WEF 연차총회에 참석한 최광 국민연금관리공단 이사장은 매일경제와의 인터뷰에서 "남북한이 통일이 되면 북한의 도로, 항공, 철도 등 인프라 개발에 있어 큰 기회가 생길 것"이라며 "국내 자금만으로는 부족하고 해외투자자의 참여가 필수적"이라고 밝혔다.

최 이사장은 다보스 현지에서 JP모건자사운용 매리 얼도스 CEO, 도이치자산운용 마이클 파이졸라 CEO, 영국 애버딘 마틴 길버트 CEO, 그랜 허치슨 실버레이크 설립자 등 세계 최대 자산운용사 수장들과 잇따라 미팅을 가졌다. JP모건자산운용은 자산 규모만 2,000조 원에 달하고 애버딘은 영국 최대 자산운용사로 570조 원을 굴리고 있다. 이들 외에도 래리 핑크 블랙록 회장, 스티븐 슈워츠만 블랙스톤 회장, 데이비드 루벤스타인 칼라일 회장 등 국제적인 '큰손'들과도 비공식 프라이빗 세션을 통해 의견을 교환했다.

국민연금은 통일 비용 마련을 위한 사전 정지작업 외에도 지속적인 '글로벌화'에 초점을 맞추고 있다. 그 대표작이 HSBC 빌딩 투자다. 2014년 12월 영국 HSBC 본사 빌딩을 매각해 1조 원 가까운 수익을 올리며 대체투자에서 성과를 내고 있는 2010년 베를린 소니센터 투자에 이어 독일 프랑크푸르트 도이치뱅크 제2 본사 빌딩인 '마인제로'에도 투자했다. 국민연금의 운용자산은 2015년 500조 원을 돌파할 것으로 예상되고 있다. 기금이 만들어진 이후 약 26년 동안 벌어들인 누적 수익금은 206조 원, 연평균 수익률은 6.1%다.

Ⓠ 도이치자산운용, JP모건자산운용 등과의 미팅에서 어떤 성과가 있었나?

마이클 파이졸라 도이치자산운용 CEO가 독일 통일시 민간금융사들이 정부와 협조해서 인프라 투자에 나섰다고 하더라. 남북한 통일이 되면 국민연금이 해야 할 일이 많다고 조언했다. 북한 주민을 도울 수 있는 것은 결국 국민연금뿐이다. 독일 통일 비용의 50% 이상을 한국의 국민연금과 같은 곳들이 담당했다.

Q 통일 투자에 대한 해외 투자자들의 입장은 어떠한가?

파이졸라 CEO가 통일이 경제 성장에는 플러스가 되겠지만 인프라 투자 시엔 정부의 규제 프레임 등도 고려해야 한다고 말했다. 국민연금이 정부와 협조해 준다면 함께 북한 개발에 투자하는 방안을 검토해 보겠다는 입장을 전달해 왔다. JP모건자산운용의 얼도스 CEO도 북한 개발에 대한 제안에 중요한 얘기라며 긍정적인 반응을 보였다.

Q 최근 유가 하락과 각국의 양적완화 정책 등에 따른 변동성 심화로 해외 투자의 리스크가 커졌는데 향후 해외 투자 계획은 무엇인가?

JP모건 측에서 에너지값 하락이 오히려 기회가 될 수 있다며 몇 건의 프로젝트를 제안했다. 현재 실무진에서 검토 중이다. 해외자원 투자 실적이 미흡한 국민연금으로서는 투자 '블루오션'이 필요한 상황이다. 변동성도 잘 활용하면 훌륭한 투자가 될 수 있다.

Q 유망한 해외 투자처는 어디인가?

얼도스 CEO가 올해 유망한 시장으로 인도, 독일, 멕시코를 꼽았다. 얼도스 CEO는 유망한 지역의 유망한 기업에 오랫동안 투자하는 게 전략이라도 하더라. 국민연금 역시 안정성에 주안점을 두고 수익성을 추구해야 한다고 조언해 줬다.

북한 요리 등장한 '한국의 밤'

전국경제인연합회가 주관하는 '한국의 밤Korea Night' 행사가 2015년 1월 22일(현지 시간) 다보스 모라사니슈바이처호프 호텔에서 열렸다.

7회째를 맞는 한국의 밤 행사의 주제는 통일이다. 전경련은 '통일 한국, 무한한 가능성'이란 주제에 맞춰 남북한 음식을 준비했다. 준비 총괄은 에드워드 권 셰프였다.

옥수수타락죽은 북한에서 가장 쉽게 접할 수 있는 음식 중 하나다. 옥수수와 우유를 섞어 만든 죽이다. 두부밥은 부친 두부 속에 깨, 파, 간장, 참기름 등을 넣어서 먹는 요리다. 유부초밥과 비슷해 야식으로 많이 먹는다. 개성무찜은 갈비찜과 비슷한 요리다. 술은 막걸리와 함께 북한의 백로술, 인풍술이 제공됐다. 백로술은 옥수수와 수수를 증류한 후 배와 백포도를 넣은 술로 감칠맛이 좋기로 유명하다. 인풍술은 자강도 강계시의 특산품으로 청포도, 보라향포도 등을 증류해 만든 과실주다. 이 술은 2009년 남북 적십자회담의 만찬주로 지정되기도 했다.

한국의 밤 행사장에 마련된 북한 요리.